O QUE É EMPODERA-MENTO?

CB134535

FEMINISMOS PLURAIS

JOICE **BERTH**

O QUE É EMPODERAMENTO?

LETRAMENTO

Justificando

coordenação DJAMILA **RIBEIRO**

Copyright © 2018 by Editora Letramento

Diretor Editorial | **Gustavo Abreu**

Diretor Administrativo | **Júnior Gaudereto**

Diretor Financeiro | **Cláudio Macedo**

Logística | **Vinícius Santiago**

Assistente Editorial | **Laura Brand**

Coordenação da Coleção | **Djamila Ribeiro**

Revisão e Preparação | **Lorena Camilo**

Capa, Projeto Gráfico e Diagramação | **Luís Otávio**

Todos os direitos reservados.
Não é permitida a reprodução desta obra sem
aprovação do Grupo Editorial Letramento.

Referência para citação

BERTH, Joice. O que é: empoderamento?.
Belo Horizonte-MG: Letramento: Justificando, 2018.

Dados Internacionais de Catalogação na Publicação (CIP)
Bibliotecária Juliana Farias Motta CRB7- 5880

B538o Berth, Joice

O que é empoderamento? / Joice Berth. – Belo Horizonte(MG): Letramento, 2018.

162 p.: .; 16 cm.

ISBN: 978-85-9530-069-9

1. Negras - Brasil - Atividades políticas.2.Mulheres –
Condições sociais.3. Direitos humanos.I. Título.

CDD 305.420981

Belo Horizonte - MG
Rua Magnólia, 1086
Bairro Caiçara
CEP 30770-020
Fone 31 3327-5771
contato@editoraletramento.com.br
grupoeditorialletramento.com.br
casadodireito.com

Grupo Editorial LETRAMENTO

AGRADECIMENTOS

Aos meus filhos, Caique, Marina, Priscilla e Camila, meus corações fora do peito.

Meus pais, avós, e em especial às mulheres, pela vida e ensinamentos abençoados.

Aos amigos-irmãos amados Djamila Ribeiro, Brenno Tardelli, Isis Vergílio que tanto acreditam em mim como nunca ninguém antes.

Ao amparo espiritual e sempre fundamental da Seara de irmãos de umbanda e do babalorixá, Rodney de Oxóssi.

A revolução começa comigo, no interior.
É melhor reservarmos tempo para
tornar nossos interiores revolucionários,
nossas vidas revolucionárias, nossos
relacionamentos revolucionários. A boca
não vence a guerra

Toni Cadê Bambara,
Seeds of Revolution: a Collection of
Axioma, Passages and Proverbs

O QUE É *EMPODERA-MENTO*?

INTRODUÇÃO

Antes de iniciar as reflexões sobre dimensões que envolvem os processos de *empoderamento* é conveniente elucidar exatamente de que poder estamos falando quando utilizamos um neologismo que significa, grosso modo, "dar poder".

Muitos escritos fazem esse questionamento supondo uma inviabilidade do uso do conceito por não entender quem dá poder e de que tipo de poder estamos falando. Para aqueles que têm se dedicado aos estudos e reflexões sobre os efeitos tanto individuais quanto coletivos, acumulados por séculos de exploração, alienação e aliciamento de pessoas, o entendimento do significado de poder é quase que intuitivo. Mas também é intuitivo para aqueles que apenas sobrevivem as intempéries diárias do sistema de opressão e dominação presentes em suas vidas, pensar no significado de poder sob o viés de algo negativo ou no mínimo, com alto potencial de limitador da mobilidade social e subjugo daqueles que não o tem.

O conceito de poder tem sido interpretado de diversas formas, mas na definição de Hannah Arendt que pensa em poder a partir da ação coletiva, temos a ideia que norteia o significado social e subjetivo de poder e que se aplica na compreensão do que falamos quando assumimos a necessidade de *empoderar* grupos minoritários, porque

> [...] O poder corresponde à habilidade humana não apenas para agir, mas para agir em conjunto. O poder nunca é propriedade de um indivíduo; pertence a um grupo e permanece em existência apenas na medida em que o grupo conserva-se unido. Quando dizemos que alguém está "no poder", na realidade nos referimos ao fato de que ele foi empossado por um certo número de pessoas para agir em seu nome.[1]

Já o filósofo francês, Michel Foucault, diferentemente da tradição da Ciência Política, pensou o poder não como algo que está localizado ou centrado em uma instituição. Enquanto na teoria política tradicional se atribui ao Estado o monopólio do poder, Foucault verifica uma espécie de microfísica do poder, articulado ao Estado, mas que atravessa toda a estrutura social. É importante salientar que o filósofo francês não está negando a importância do Estado nessa concepção, mas atentando para o fato de que as relações de poder ultrapassam o nível estatal e está presente em toda a sociedade. Sendo assim, o poder seria uma prática social construída historicamente. Em sua obra, *Microfísica do poder*, Foucault afirma que o objetivo seria captar o poder em suas extremidades, em suas últimas ramificações,

> [...] captar o poder nas suas formas e instituições mais regionais e locais, principalmente no ponto em que ultrapassando as regras de direito que o organizam e delimitam. [...] Em outras palavras, captar o poder na extremidade cada vez menos jurídica de seu exercício.[2]

Foucault salienta que as relações de poder das instituições, escolas e prisões são marcadas pela disciplina. Nesse sentido, fará a discussão sobre biopolítica e biopoder, de como os corpos e a educação são controlados por essa imposição normatizadora. Segundo o filósofo, a disciplina fabrica os indivíduos, é uma técnica específica de poder que domina os indivíduos. Segundo sua análise, enquanto o sujeito é colocado em relações de produção e de significação, é também, desse mesmo modo, colocado em relações de poder.

> [...] uma coação calculada, lentamente, percorre cada parte do corpo, tornando-se semelhante a algo que se fábrica, de uma massa informe, de um corpo inapto, fez-se a máquina de que se precisa, no automatismo dos hábitos. Na época clássica, se descobre o corpo como objeto e alvo de poder, ao corpo que se manipula, se modela, se treina, que obedece, responde, se torna hábil ou cujas forças se multiplicam. Enfim, torna-se um corpo dócil, que pode ser submetido, utilizado, transformado e aperfeiçoado.[3]

Quando assumimos que estamos dando poder, em verdade, estamos falando na condução articulada de indivíduos e grupos por diversos estágios de autoafirmação, autovalorização, autorreconhecimento e autoconhecimento de si mesmo e de suas mais variadas habilidades humanas, de sua história, principalmente, um entendimento sobre a sua condição social e política e, por sua vez, um estado psicológico perceptivo do que se passa ao seu redor. Seria estimular, em algum nível, a autoaceitação de suas características culturais e estéticas herdadas pela ancestralidade que lhe é inerente para que possa, devidamente munido de informações e novas percepções críticas sobre si mesmo e sobre o mundo que o cerca, e, ainda, de suas habilidades e características próprias, criar ou descobrir em si mesmo ferramentas ou poderes de atuação no meio em que vive e em prol da coletividade.

Essa é a síntese do poder a ser desenvolvido no processo de *empoderamento* ressignificado pelas diversas teorias do Feminismo Negro e Interseccional. Diferentemente do que propuseram muitos de seus teóricos, o conceito de *empoderamento* é instrumento de emancipação política e social e não se propõe a "viciar" ou criar relações paternalistas, assistencialistas ou de dependência entre indivíduos, tampouco traçar regras homogêneas de como cada um pode contribuir e atuar para as lutas dentro dos grupos minoritários.

Muitas vezes estar imerso na realidade opressiva impede-lhe uma percepção clara de si mesmo enquanto oprimido. A este nível, a percepção de si como contrário ao opressor não significa ainda que se comprometa numa luta para superar a contradição: um polo não aspira a sua libertação, mas a sua identificação com o polo oposto. Trata-se de uma visão individualista por causa de sua identificação com o opressor que não tem consciência de si mesmo enquanto pessoa, enquanto membro de uma classe oprimida. Não é com o objetivo de serem livres que desejam a reforma agrária, mas sim para adquirir uma terra e deste modo converterem-se em proprietários ou, mais precisamente, em patrões de outros trabalhadores. Isto ilustra nossa afirmação, segundo a qual, durante a fase inicial da luta, os oprimidos encontram no opressor seu "tipo de homem".[4]

Portanto, absorver o significado atual de poder pressupõe que estejamos assentados passivamente em suas mais variadas falhas sistêmicas. Daí parte a necessidade de questionar continuamente de que poder estamos falando e quais os possíveis caminhos de trabalho social que empregaremos, no sentido de não inverter a lógica atual, mas subvertê-la.

Trata-se, nesse momento, de uma boa oportunidade para discutir uma crítica que feita ao termo *empoderamento*, no sentido de que o confinaria à subjugação que seria implícita nas relações de poder. Nesse sentido, alguns teóricos preferem o termo *fortalecimento*, no entanto, o *empoderamento* que seguimos no presente trabalho não visa retirar poder de um para dar a outro a ponto de se inverter os polos de opressão, mas sim uma postura de enfrentamento da opressão para eliminação da situação injusta e equalização de existências em sociedade.

Empoderar dentro das premissas sugeridas é, antes de mais nada, pensar em caminhos de reconstrução das bases sociopolíticas, rompendo concomitantemente com o que está posto entendendo ser esta a formação de todas as vertentes opressoras que temos visto ao longo da história. Esse entendimento é um dos escudos mais eficientes no combate a banalização e esvaziamento de toda a teoria construída e de sua aplicação como instrumento de transformação social. Nesse sentindo, vale citar a intelectual indiana Batliwala em *Conceituando "empoderamento" na perspectiva feminista* de Cecília M. B. Sardenberg:

> O termo empoderamento se refere a uma gama de atividades, da assertividade individual até a resistência, protesto e mobilização coletivas, que questionam as bases das relações de poder. No caso de indivíduos e grupos cujo acesso aos recursos e poder são determinados por classe, casta, etnicidade e gênero, o empoderamento começa quando eles não apenas reconhecem as forças sistêmicas que os oprimem, como também atuam no sentido de mudar as relações de poder existentes. Portanto, o empoderamento é um processo dirigido para a transformação da natureza e direção das forças sistêmicas que marginalizam as mulheres e outros setores excluídos em determinados contextos.[5]

Sob essa consideração, se faz necessária a análise de Patrícia Hill Collins que remete ao processo de *empoderamento* como sendo muito mais um movimento de resposta interna ao estímulo externo do que o contrário. Em *Outsider whithin* – o qual numa tradução seria o mais próximo a *Forasteira de dentro* –, a pensadora Patricia Hill Collins dá três chaves do pensamento feminista afro-americano que pode alavancar a aplicabilidade da Teoria do Empoderamento:

> Uma afirmação da importância da autodefinição e da autoavaliação das mulheres negras é o primeiro tema chave que permeia declarações históricas e contemporâneas do pensamento feminista negro. Autodefinição envolve desafiar o processo de validação do conhecimento político que resultou em imagens estereotipadas externamente definidas da condição feminina afro-americana. Em contrapartida, a autoavaliação enfatiza o conteúdo específico das autodefinições das mulheres negras, substituindo imagens externamente definidas com imagens autênticas de mulheres negras.[6]

O prefixo "auto" cabe aqui como indicativo de que os processos de *empoderamento*, embora possam receber estímulos externos diversos da academia, das artes, da política, da psicologia, das vivências cotidianas e etc., é uma movimentação interna de tomada de consciência ou do despertar de diversas potencialidades que definirão estratégias de enfrentamento das práticas do sistema de dominação machista e racista. Há que se definir esses parâmetros, uma vez que a ausência dessas considerações provoca a execução inversa do que prega o conceito de *empoderamento*, pois não fornece estratégias para a libertação individual a serviço da emancipação coletiva, mas cria sistemas de dependência onde indivíduos negros ou de outras vivências de gênero não apenas deixam de entender o significado, como passam a usar a serviço de suas reproduções das práticas internalizadas de racismo e sexismo.

BREVE HISTÓRICO DA PALAVRA *EMPODERAMENTO*

Power é um substantivo da língua inglesa que significa basicamente habilidade ou permissão para que alguém realize alguma coisa. Também pode significar autoridade, força, entre outras coisas.[7] Já a palavra *empower*, que de acordo com o Merriam-Webster Dictionary, um dos mais confiáveis dicionários *online* da América e que pertence à marca homônima já conhecida no mercado editorial, foi usada pela primeira vez em 1651, surgiu de uma adaptação específica do próprio idioma inglês chamada *verbing*, que consiste em transformar um substantivo em verbo. Logo o significado ao pé da letra de *empower* é dar poder ou habilidade a algo ou a alguém.

A formação da palavra inglesa muito se assemelha ao processo de formação do correspondente na língua portuguesa. No Brasil *empoderamento* é um neologismo,[8] ou seja, um fenômeno linguístico que cria uma palavra ou expressão nova, ou ainda, atribui um novo sentido a uma palavra já existente. Em geral esse fenômeno acontece quando uma pessoa está tentando expressar algo e não encontra palavras. Então ocorre uma adaptação ou criação a partir de uma palavra já existente e conhecida para dar um significado aproximado. Um bom exemplo desse fenômeno linguístico é a palavra *deletar* que atualmente substitui em muitos diálogos o verbo *apagar* que advém da palavra da língua inglesa *delete* que passou a ser incorporada ao nosso idioma pelo uso massivo dos computadores.

No Cambridge Dictionary, dicionário da Universidade de Cambridge, a palavra *empowerment* tem o seguinte significado: "o processo de ganhar liberdade e poder para fazer o que você quer ou controlar o que acontece com você".[9] Da mesma forma, a palavra *empoderamento* foi adaptada a partir da palavra inglesa *empowerment*, que, ao pé da letra, significa dar poder ou capacitar, termo cunhado pelo sociólogo estadunidense Julian Rappaport, em 1977. Para o sociólogo era preciso instrumentalizar certos grupos oprimidos para que eles pudessem ter autonomia. Ainda sobre a formação da palavra, como nos aponta Rute Baquero, professora da Universidade do Vale do Rio dos Sinos, no *Dicionário de Língua Portuguesa Contemporânea* da Academia Ciências de Lisboa e registrado no MorDebe[10] ela aparece descrita como um anglicismo, formado a partir da língua portuguesa e que significa *obtenção, alargamento ou reforço do poder.*

Cabe lembrar que a origem da palavra é inglesa com elementos de latim na sua formação e que não existe ainda correspondência nos dicionários que usamos atualmente. Contextualizando:

> De todas as palavras-chave que entraram no léxico do desenvolvimento nos últimos trinta anos, o "empoderamento" é provavelmente o mais usado e abusado. Como muitos outros termos importantes que foram inventados para representar um conceito político claro, ele foi "incorporado" de uma forma que praticamente o roubou de seu significado original e valor estratégico.[11]

Quando falamos em *empoderamento*, sobretudo nos dias de hoje, concluímos que estamos diante de um conceito complexo, muito distorcido e incompreendido na atualidade, o que se deve em grande parte ao debate acrítico sobre o tema. Exatamente por isso, também vem sendo severamente criticado, não pelo seu significado, mas pela maneira esvaziada com que é utilizado e que foge completamente das raízes da teoria proposta – como veremos mais à frente. É um exaustivo exercício de pesquisa se atentar e identificar o que deve ou não deve ser levado em consideração, dado a vasta gama de citações e literaturas a respeito nos mais diversos campos do pensamento. Contudo, apesar do esvaziamento, destacam-se alguns trabalhos realizados, cuja seriedade e profundidade fazem com que sejam indispensáveis para a compreensão.

Encontramos em Zimmerman e Perkins, por exemplo, uma definição interessante da Teoria da Empoderamento capaz de traçar um ponto de partida para as reflexões que serão apresentadas:

> O empoderamento é uma construção que liga forças e competências individuais, sistemas naturais de suporte e comportamento pró-ativo no âmbito das políticas e mudanças sociais (Rappaport, 1981, 1984) . A pesquisa e a intervenção da teoria do empoderamento unem o bem-estar individual ao meio político e social mais amplo. Teoricamente, a construção une a saúde mental à ajuda mútua e a luta para criar uma resposta comunitária. Isso nos obriga a pensar em termos de bem-estar versus doença, competências versus déficits e força versus fraquezas. Da mesma forma, a pesquisa sobre empoderamento centra-se na identificação de capacidades, em vez de enfatizar fatores de risco e explorar influências problemáticas do meio social ou em vez de culpar as vítimas. [12]

É razoável dizer que esses autores, que definem *empoderamento* enquanto teoria, foram assertivos ao comparar diversas fontes autorais que versam sobre o tema e identificam os pontos em comum para então trazer a definição supracitada, como bem pontuam no mesmo artigo:

> As definições de empoderamento abundam. Não pedimos aos autores nesta questão especial que adotem qualquer definição específica. Contudo, pedimos que considerassem cuidadosamente sua própria concepção de empoderamento e tornem suas definições tão claras quanto possível. Embora exijamos ao leitor comparar a conceitualização de cada artigo, todos eles implicam que o empoderamento é mais do que o construto psicológico tradicional com o qual às vezes é comparado ou confundido (por exemplo, auto-estima, auto-eficácia, competência, auto-controle). As várias definições geralmente são compatíveis com o empoderamento como "um centralizador de processos contínuos intencionais na

> comunidade local, envolvendo respeito mútuo, reflexões críticas, cuidados e participação grupal, por meio das quais pessoas que enfraquecidas possam se valer da distribuição igualitária de recursos necessários, tendo facilitado o acesso e controle sobre esses recursos" (Cornell Empowerment Group, 1989), ou simplesmente um processo pelo qual as pessoas ter controle sobre suas vidas (Rappaport, 1987), participações democráticas na vida de sua comunidade e uma compreensão crítica do meio que o cerca (Zimmerman, Israel, Schulz, Checkoway, 1992) .[13]

Contudo, essas definições iniciais não apenas servem de ponto de partida para a compreensão da teoria, como sustentam os apontamentos feitos por Rute Baquero[14] sobre a possível raiz do conceito. Segundo a autora, o viés conceitual tem estreita ligação com a Reforma Protestante realizada na Europa, desencadeada pelo monge e professor de teologia bíblica Martinho Lutero no século XVI. Além de desenvolver 95 teses criticando a estrutura corrupta da Igreja naquele período da história, ele traduziu para o alemão os escritos bíblicos, que até então eram em latim, o que dificultava o acesso pelas camadas mais pobres da população da época e, com isso, abria a possibilidade de manipulações de acordo com os interesses de parte expressiva do clero.

Ao popularizar esses escritos, Lutero confronta o controle hegemônico da informação pelo clero, abrindo assim a possibilidade de acesso pelas classes desfavorecidas que, por não dominar o latim, aceitavam o que lhes era fornecido como palavra de Deus. Esse raciocínio nos indica que o poder da informação já era exercido como instrumento de manipulação e hierarquia social, conforme nos indica o artigo da pesquisadora que muito se dedicou ao entendimento da Teoria do Empoderamento, Rute Baquero:

> A escrita sempre esteve, de alguma forma, associada ao poder. Nas civilizações antigas, os escribas detinham o poder da escrita, pois o domínio dessa tecnologia era de conhecimento restrito. Esse poder os aproximava das classes dominantes (reis, faraós) que sancionavam as informações que deveriam ser registradas. Assim, poucos tinham o poder de decidir o que seria ou não registrado, poucos tinham o poder – a capacidade de fazer – este registro e, portanto, de decifrá-lo. O processo de Reforma, iniciado por Lutero no século XVI, na Europa, oportuniza, com certas restrições, um empoderamento por parte das pessoas, pois a tradução da Bíblia do latim para o dialeto local – o que contribuiu para a afirmação deste, futuramente, como idioma oficial da Alemanha – possibilitou a leitura dos "textos sagrados" entre a comunidade, a qual, por conseguinte, passa a realizar sua leitura e sua hermenêutica, tornando-se sujeito de sua religiosidade.[15]

Baquero nos dá um importante caminho para a compreensão histórica da Teoria do Empoderamento, bem como uma de suas principais dimensões, a da informação como instrumento de libertação. Julguei importante trazer uma investigação genealógica sobre diferentes abordagens do *empoderamento*, antes de adentrar nas imbricações profundas reveladas pelos pensamentos e epistemologias negras, que trazem intersecções que se contrapõem à narrativa universal. Entendo, ainda, de suma importância destacar e levar ao conhecimento de pessoas que se interessam pelo tema produção intelectual de homens e, sobretudo, mulheres negras, uma vez que estas contam com ainda maior invisibilidade, apesar de suas brilhantes e fundamentais contribuições.

Iniciaremos, portanto, com Barbara Bryant Solomon, uma intelectual negra e assistente social premiada tanto nos EUA, quanto internacionalmente pelas suas reflexões e projetos, com destaque para a formação da "Iniciativa Acadêmica Comunitária" para incluir jovens desfavorecidos na universidade, o que no Brasil chamamos de cursos preparatórios populares, além de ser professora PHD pela Southern California University e autora do livro *Black Empowerment: Social Work in Oppressed Communities,*[16] Importante ressaltar que, além de acadêmica, trabalhou por mais de cinquenta anos como assistente social, atuando pela saúde mental e pelo fortalecimento social de comunidades étnicas e de minorias, desenvolvendo métodos de pesquisa de dados importantes do e para o lugar social de grupos sub-representados.

Em seu livro citado, direcionado a profissionais do serviço social, a acadêmica descreve a forma pela qual as comunidades negras são retratadas negativamente, impactando na autoimagem dessas comunidades. Nesse sentido, profissionais estavam se tornando mais atentos à importância dos fatores étnicos nos seus trabalhos para que esses pudessem causar um impacto mais efetivo na melhora da qualidade de vida desses grupos. Para a autora, o contexto sócio-histórico é fundamental para pensar a resolução de problemas referentes à população negra. Ou seja, partir da realidade concreta desses grupos e criar ferramentas emancipatórias para o acesso a uma vida mais digna:

> Os efeitos das imagens negativas do negro são traçados em como eles operam em grandes instituições sociais, como a família, grupos de pares e escolas. Esses efeitos estão ligados ao surgimento de problemas pessoais e sociais característicos encontrados em comunidades negras. Seguindo uma discussão anterior, o empoderamento é definido como um processo pelo qual a autodireção e o processo de ajuda são as forças de cura e fortalecimento entre a população negra.[17]

Solomon inaugurou a aplicação da Teoria do Empoderamento para pesquisa e gestão social de populações invisibilizadas pelo olhar dominante, lembrando que Lutero popularizou a informação que não chegava a povos de baixa renda e, certamente, oprimidos. Nesse sentido, vale trazer as reflexões da PhD em Sociologia e professora titular da Universidade de Montreal, Anne-Emmanuèle Calvès:

> O empoderamento refere-se a princípios, como a capacidade de indivíduos e grupos agirem para garantir seu próprio bem-estar ou seu direito de participar da tomada de decisões que lhes diz respeito, que orientaram pesquisa e intervenção social entre populações pobres e marginalizadas por várias décadas nos Estados Unidos (Simon, 1994). Não até a década de 1970, e especialmente em 1976, com a publicação de *Black Empowerment: Social Work in Oppressed Communities por Barbara Solomon*, no entanto, o termo formalmente entrou em uso por provedores de serviços sociais e pesquisadores.[18]

Desde já, percebe-se que Solomon alia seu estudo à prática profissional do serviço social emancipatória de grupos oprimidos, os quais, anteriormente, em séculos de estudo sobre o tema, não se encontravam como elemento principal de análise. Vemos, então, um dos principais pontos revolucionários da epistemologia negra, qual seja sua transformação concreta em comunidades, por meio do trabalho de base e compromisso ético com a pesquisa acadêmica, alcançando resultados onde, muitas vezes, o conceito não alcança, posto que muitas vezes está preso dentro dos muros da intelectualidade dominante.

Encontramos outras referências ao trabalho de Barbara Bryant Solomon, que a colocam como precursora do trabalho aplicado da Teoria do Empoderamento em comunidades oprimidas, referenciando seus estudos e trabalhos em serviço social realizados com a população negra. No entanto, vale dizer, por outro lado, que diversas literaturas apontam o educador brasileiro premiado mundialmente e mais vezes citado no exterior, Paulo Freire, quando pensou na década de 60 sobre a Teoria da Conscientização, a qual inspirou a Teoria do Empoderamento, como veremos a partir de agora, como um dos precursores da análise aplicada em função da realidade de grupos oprimidos.

O educador é da tradição de pensadores e pensadoras que refletem a partir da realidade concreta, concebendo assim a Teoria da Conscientização como prática para a libertação e de estratégias de atuação de grupos oprimidos. Ao contrário de Julian Rappaport, Freire não acredita que é necessário dar ferramentas para que grupos oprimidos se empoderem, em vez disso, acreditava que os próprios grupos que foram subalternizados deveriam empoderar a si próprios, processo esse que se inicia com a consciência crítica da realidade aliada a uma prática transformadora. Sendo assim, refuta o paternalismo, o que chama de forma dócil de subjugação. Em sua análise, Freire afirma que a consciência crítica "é a representação das coisas e dos fatos como se dão na existência empírica",[19] bem como em suas correlações causais e circunstanciais. Já o que ele chama de consciência ingênua, seria aquela que se sobrepõe aos fatos, com o objetivo de dominação e, justamente por isso, julgando entendê-los conforme seu desejo. A consciência mágica, ao contrário da ingênua, teria como objetivo a docilidade, a inércia, em não fazer nada diante dos fatos, características próprias também da consciência fanática, que seria para o autor a patologia, a cólera da consciência ingênua. Afirma o autor: Acontece, porém, que a toda compreensão de algo corresponde, cedo ou tarde, uma ação. Captado um desafio, compreendido, admitidas as hipóteses de resposta, o homem age. A natureza da ação corresponde à natureza da compreensão. Se a compreensão é crítica ou preponderantemente crítica, a ação também o será. "Se é mágica a compreensão, mágica será a ação".[20]

Freire, que recebeu 29 títulos de Honoris Causa, pensou uma pedagogia crítica, pois pensava a educação como um ato político. Em uma de suas obras mais conhecidas, *A pedagogia do oprimido*, publicada em 1968, enquanto estava no Chile exilado pela Ditadura Militar brasileira, o educador e filósofo pensou uma postura revolucionária. Segundo o autor, sua obra seria de interesse de pessoas radicais, que se interessariam pela transformação real da sociedade e responsáveis pela efetiva prática e conduta de transformação pelo pensamento consciente e libertário de povos oprimidos. Em linguagem totalizante, marcada pelo objetivo da libertação dos homens, limitação de seu pensamento que será posteriormente aprofundada, conseguimos ter uma boa compreensão do que significa ser um radical na visão do autor que afirma que

> O radical, comprometido com a libertação dos homens, não se deixa prender em "círculos de segurança", nos quais aprisione também a realidade. Tão mais radical, quanto mais se inscreve nesta realidade para, conhecendo-a melhor, melhor poder transformá-la. Não teme enfrentar, não teme ouvir, não teme o desvelamento do mundo. Não teme o encontro com o povo. Não teme o diálogo com ele, de que resulta o crescente saber de ambos. Não se sente dono do tempo, nem dono dos homens, nem libertador dos oprimidos. Com eles se compromete, dentro do tempo, para com eles lutar.[21]

A forma como o pensador reflete o radical é interessante e dialoga com uma série de elementos necessários para a união entre consciência e prática. Percebemos pelo pensamento de Freire que a pessoa radical pela transformação da realidade degradante que atinge vários povos é uma pessoa que se interessa e busca informação, mergulha na realidade tão profundamente quanto queira transformá-la, bem como tem escuta, comprometimento e compartilha espaço. Vejo que suas reflexões dialogam com Djamila Ribeiro quando a filósofa vai pensar o conceito de empatia. Para ela, empatia não é um sentimento que pode te acometer um dia, outro não, mas sim uma construção intelectual que demanda esforço, disponibilidade para aprender e ouvir. Tão mais empática a pessoa será quanto mais ela conhecer a realidade que denuncia uma opressão.

Por outro lado, alerta Paulo Freire, haveria algumas pessoas que não ultrapassariam as primeiras páginas de seus livros. Umas por julgarem ser "blábláblá", expressão semelhante ao "mimimi" empregada nas redes sociais, a quem pensavam que se perderia por tratar de temas como diálogo, esperança, humildade, simpatia; já outras "por não quererem ou não poderem aceitar as críticas e a denúncia que fazemos da situação opressora, situação em que os opressores se "gratificam", através de sua falsa generosidade".[22] Nesse sentido, Freire denunciava reações intolerantes de pessoas que não sabiam lidar com a denúncia concreta de situações opressoras e rechaçavam de pronto reflexões sobre teorias e práticas transformadoras. A essas reações, o educador chamou-as de sectárias. Vale destacar que o autor chamou a atenção para que esse sectarismo aflige, inclusive, mentes revolucionárias, sendo um importante ponto de destaque, principalmente, pela realidade concreta atual, na qual a Teoria do Empoderamento, de extensa e rica produção sobre, seja muitas vezes alvo de deslegitimação, inclusive por pessoas do campo progressista, as quais, não raro, confundem-se com a figura do opressor. Nesse sentido, destaca-se:

> Enquanto a sectarização é mítica, por isto alienante, a radicalização é critica, por isto libertadora. Libertadora porque, implicando no enraizamento que os homens fazem na opção que fizeram, os engaja cada vez mais no esforço de transformação da realidade concreta, objetiva. A sectarização, porque mítica e irracional, transforma a realidade numa falsa realidade, que, assim, não pode ser mudada.[23]

Freire apresenta uma densa análise sobre a sociedade de classes e sua relação de exploração com as classes menos favorecidas, entre as quais ele nomeia, uma relação entre colonizador e colonizado, mostrando as implicações dessas relações desiguais. Se o educador foi, conforme apontam diversos estudiosos, o precursor da Teoria do Empoderamento quando trouxe ao mundo a Teoria da Conscientização, mais adiante ele mesmo demonstra preocupação com a distorção que o conceito permite em *Medo e ousadia: cotidiano do professor*,[24] o qual assina junto ao professor Ira Shor. É nesse livro que os autores transcrevem um diálogo reflexivo entre dois educadores alertando para a necessidade de não pensar no conceito como uma fórmula instantânea que vai permitir uma ascensão compulsória para grupos oprimidos. Eles salientam também que, o trabalho teórico que se estabelece deve ser concomitante com a aplicabilidade no meio em que se faz necessário. Escrevem que

> Esta é a questão. Não acredito na autolibertação. A libertação é um ato social. [...] Não, não, não. Mesmo quando você se sente, individualmente, mais livre, se esse sentimento não é um sentimento social, se você não é capaz de usar sua liberdade recente para ajudar os outros a se libertarem através da transformação global da sociedade, então você só está exercitando uma atitude individualista no sentido do *empowerment* ou da liberdade. Deixe-me aprofundar um pouco mais nessa questão do *empowerment*. [...] Enquanto que o *empowerment* individual ou o *empowerment* de alguns alunos, ou a sensação de ter mudado, não é suficiente no que diz respeito à transformação da sociedade como um todo, é absolutamente necessário para o processo de transformação social. [...] Sua curiosidade, sua percepção crítica da realidade são fundamentais para a transformação social, mas não são, por si sós, suficientes.[25]

Logo, percebe-se que Freire, teoriza a conscientização a partir do social e do coletivo, e não a partir do individual, como muitas vezes vemos sendo aplicado o conceito. O educador brasileiro dialogou internacionalmente e inspirou a união do pensamento com a transformação social, a alteração material das condições degradantes as quais um grupo social é submetido. Cabe destacar que foram grandes as referências de Freire ao intelectual negro Guerreiro Ramos.[26]

Ainda que Paulo Freire passe por diversos autores, bem como o fato de suas reflexões serem decisivas para o desenvolvimento da teoria e da sua aplicação correta nos meios necessários, parte do movimento feminista da década de 80 o questionamento da abordagem e o direcionamento da teoria proposta pelo educador, a qual teria um limite ao não ter se atentado que o oprimido não é um conceito abstrato, porque é marcado por gênero, raça, sexualidade e outras identidades. A abordagem de Freire serve inegavelmente para a compreensão de caminhos e estratégias de erradicação de desigualdades, inclusive é um dos alicerces do pensamento da feminista negra bell hooks, o qual veremos a fundo nos próximos capítulos, mas vale dizer que, tanto ela quanto outras pessoas que se debruçaram sobre o tema sofisticaram a análise ao refletir as intersecções de grupos que combinam opressões. Nesse sentido, trazemos a reflexão da feminista e pesquisadora indiana Srilatha Batliwala que reflete que

> O conceito de empoderamento feminino ressurgiu a partir de críticas e debates gerados pelo movimento feminino durante a década de 1980, quando as feministas, particularmente no que era conhecido como o "terceiro mundo" (antes do termo "mundial sul" ganharam moeda), estavam crescendo descontentamento com os modelos em grande parte apolíticos e econômicos nas intervenções de desenvolvimento prevalecentes.
> Na época, havia uma crescente interação entre o feminismo e a abordagem da *conscientização* desenvolvida por Paulo Freire na América Latina. Mas onde Freire ignorou o gênero e a subordinação das mulheres como um elemento crítico para a libertação, haviam outras influências importantes influenciando ativistas e

> movimentos sociais que emergiram naquele momento: entre eles a redescoberta dos "subalternos" de Antonio Gramsci e o papel hegemônico das ideologias dominantes e o despontar das teorias da construção social e pós-colonial.[27]

Cabe aqui um parêntese para lembrar a primeira edição da coleção Feminismos Plurais, livro escrito pela filósofa Djamila Ribeiro que traz a explanação teórica do que vem a ser *lugar de fala,*[28] e também do artigo do Dr. Adilson J. Moreira intitulado *Pensando como um negro.*[29] Ambos trabalhos refletem sobre o quanto o posicionamento social determina a profundidade de ações ou reflexões que versam sobre as desigualdades sociais. Muitos estudiosos propagam pesquisas importantes sobre agendas que podem eliminar as desigualdades. Entretanto, devemos prestar atenção nos limites dessas proposições e articulações do pensamento, uma vez que, enquanto não damos voz a pensamentos específicos de intelectuais que se formam dentro dos grupos diretamente atingidos, não temos a dimensão exata de quais ações realmente desencadeiam mudanças.

Como é possível observar nessa breve contextualização, são muitas as definições e literaturas que falam sobre o *empoderamento*, mas podemos destacar principais pontos de confluência:

1. há a discussão semântica, por se tratar de um neologismo e tradução de *empowerment*, do inglês, e há autores que creditam a Paulo Freire essa criação;

2. a diferença entre a definição de Rappaport e Freire. Se para o primeiro, empoderamento é dar instrumentos para que os grupos orpimidos possam ser fortalecidos, para Freire, os próprios grupos oprimidos devem empoderar a si mesmos, desconfiando da docilidade das classes dominantes;
3. a influência do pensamento do trabalho de Barbara Bryant Solomon, com o objetivo de pensar empoderamento como metodologia para profissionais do serviço social, e Paulo Freire que, com seus trabalhos nas teorias sobre *Empoderamento* e Conscientização Crítica de indivíduos, leva a crer que é possível que esses mesmos desenvolvam habilidades adormecidas pela atuação do meio em que vivem;
4. o *empoderamento* como teoria está estritamente ligado ao trabalho social de desenvolvimento estratégico e recuperação consciente das potencialidades de indivíduos vitimados pelos sistemas de opressão e visam principalmente a libertação social de todo um grupo, a partir de um processo amplo e em diversas frentes de atuação, incluindo a emancipação intelectual. Solomon pensou *empoderamento* como aplicado aos profissionais do serviço social e comunidades oprimidas. A Teoria do Empoderamento, na concepção de Freire vem a partir da Teoria da Conscientização Crítica;

5. para fins de síntese, é importante destacar a definição da professora feminista norte-americana Nelly Stromquist:

> O empoderamento consiste de quatro dimensões, cada uma igualmente importante mas não suficiente por si própria para levar as mulheres para atuarem em seu próprio benefício. São elas a dimensão cognitiva (visão crítica da realidade), psicológica (sentimento de auto-estima), política (consciência das desigualdades de poder e a capacidade de se organizar e se mobilizar) e a econômica (capacidade de gerar renda independente).[30]

OPRESSÕES ESTRUTURAIS E *EMPODERAMENTO*: UM AJUSTE NECESSÁRIO

Por todas as informações que foram elencadas, abre-se um momento importante neste capítulo para pensarmos no quanto é imperativo ajustar as discussões acerca da Teoria do Empoderamento ao exato entendimento das dinâmicas e significados das opressões estruturais e sua relação indissociável com o conceito, bem como com a aplicabilidade da teoria. O movimento feminista, sobretudo aquele que foi construído a partir do rompimento com a ideia universal da categoria mulher, ou seja, ressignificando categorias diversas de mulheres pela premissa da interseccionalidade – negras, indígenas, latino-americanas e mulheres de cor ou não brancas, entre outras – é que acaba por reestruturar as bases iniciais para o entendimento e aplicabilidade, bem como para a detecção das fissuras e distorções que necessitavam de atenção. Essa concepção é fundamental para pensar as desigualdades por uma perspectiva de gênero, partindo dos lugares sociais das mulheres. Outra questão fundamental é aprofundar essa análise, posto que atualmente passou-se a esvaziar essa perspectiva para um "empoderamento feminino" que mais parece uma tautologia que se resume em não explicar a origem do conceito e nem o que se propõe.

Essa visão superficial, que se descola desta proposta por essas feministas do Sul Global, levou a desentendimentos ou melhor, ao entendimento de que *empoderamento* feminino é a superação individual de certas opressões, mas sem romper de fato com as estruturas opressoras. Explico: julgar que se empoderar é transcender individualmente certas barreiras, mas seguir reproduzindo lógicas de opressões com outros grupos, em vez de se pensar *empoderamento* como pensar conjuntos de estratégias necessariamente antirracista, antissexistas e anticapitalistas.

Essa definição autocentrada, já explicitada por Freire como equivocada, gera essa incógnita relação entre *individual* e *coletivo* nos processos de *empoderamento.* Nesse sentido, vale destacar as reflexões da socióloga colombiana Madalena León:

> Uma das contradições fundamentais do uso do termo "empoderamento" se expressa no debate entre o empoderamento individual e o coletivo. Para quem o uso o conceito na perspectiva individual, com ênfase nos processos cognitivos, o empoderamento se circunscreve ao sentido que os indivíduos se autoconferem. Toma um sentido de domínio e controle individual, de controle pessoal.

> E "fazer as coisas por si mesmo", "ter êxito sem a ajuda dos outros". Esta é uma visão individualista, que chega a assinalar como prioridade que os sujeitos sejam independentes e autônomos no sentido de domínio de si mesmos, e descarta as relações entre as estruturas de poder e as práticas da vida cotidiana de indivíduos e grupos, além de desconectar as pessoas do amplo contexto sócio-político, histórico, de solidariedade e do que representa a cooperação e a importância de preocupar-se com o outro.[31]

Ora, se a coletividade é o resultado da junção de muitos indivíduos que apresentam algum – ou alguns – elementos em comum, é intrínseco que estamos falando de um processo que se retroalimenta continuamente. Indivíduos empoderados formam uma coletividade *empoderada* e uma coletividade *empoderada*, consequentemente será formada por indivíduos com alto grau de recuperação da consciência do seu *eu social*, de suas implicações e agravantes. Leon segue afirmando o quando esse *empoderamento individual* pode ser uma ilusão, pois em sua visão, o *empoderamento* precisa incluir mudanças individuais e coletivas, em "um processo desenvolvido com a comunidade, com cooperação e solidariedade. Ao levar em conta o processo histórico que cria a falta de poder, torna-se evidente a necessidade de alterar as estruturas sociais atuais; isto é, reconhecer o imperativo da mudança".[32] Como bem ressalta Leon, toda e qualquer ação que se pense sob a perspectiva da Teoria do Empoderamento visa primordialmente a mudança social com rompimento ativo e processual, tanto coletivo quanto individual, com as estruturas de poder que foram articuladas para serem hierarquizantes às custas da escassez de grupos situados na base. Trata-se de uma antítese de uma visão liberal de dimensionamento meramente individual do empoderamento, uma vez que discute a partir de grupos sociais e transformações coletivas em grupos historicamente oprimidos por uma estrutura dominante.

Há que se deixar muito bem pontuado que, uma vez que se trata de instrumento importante nas lutas emancipatórias de minorias sociais, sobretudo de cunho racial e de gênero, não podemos cair na vala comum e seguir permitindo que o termo padeça de relevância prática e ideológica por meramente cair nas raias do pensamento liberal, servindo assim de sustentação do saber que fatalmente é a raiz da situação que cria a necessidade de haver um processo de *empoderamento*.

Vale dizer que isso não significa que a dimensão individual esteja alijada do processo, ao contrário. O *empoderamento individual* e *coletivo* são duas faces indissociáveis do mesmo processo, pois o *empoderamento individual* está fadado ao *empoderamento coletivo*, uma vez que uma coletividade *empoderada* não pode ser formada por individualidades e subjetividades que não estejam conscientemente atuantes dentro de processos de *empoderamento*.

É o *empoderamento* um fator resultante da junção de indivíduos que se reconstroem e desconstroem em um processo contínuo que culmina em *empoderamento* prático da coletividade, tendo como resposta as transformações sociais que serão desfrutadas por todos e todas. Em outras palavras, se o *empoderamento* no seu sentido mais genuíno visa a estrada para a contraposição fortalecida ao sistema dominante, a movimentação de indivíduos rumo ao *empoderamento* é bem-vinda, desde que não se desconecte de sua razão coletiva de ser. Como dito anteriormente, partindo das reflexões de Paulo Freire, a consciência crítica é condição indissociável do *empoderamento*.

Traçando uma simetria simples, se o *empoderamento* fosse uma casa, os indivíduos seriam os seus componentes construtivos – tijolos, argamassa, telhado, piso, pintura, etc. Eles serão adquiridos e trabalhados para que a junção desses seja a tão sonhada moradia. Pois bem, não apostamos na sorte ou numa consciência ingênua ou mágica como postulou Freire – leia-se aqui: teorias esvaziadas de uma prática real. Esses elementos construtivos precisam ter qualidade individual para que o resultado seja igualmente qualitativo. E esses elementos, isolados não conseguem complementar a função inicial que é edificar a moradia.

Ressalte-se que o fato de um sujeito pertencente a um grupo oprimido ter desenvolvido pensamento crítico acerca de sua realidade, não retira a dimensão estrutural que lhe coloca sob situações degradantes. Essa é uma das razões pelas quais o *empoderamento* é um processo gradual. Exemplificando o exposto, pensemos em um rapaz negro, brasileiro, que teve seus talentos reconhecidos e passou a ser absorvido nos meios de privilégio do topo da nossa pirâmide social. Embora ele esteja economicamente em mobilidade social ascendente e saia do lugar de subalternidade reservado para a sua coletividade, a marca expressada pela sua negritude não permitirá que o vínculo social e permanente com a sua coletividade seja rompido. Enquanto essa comunidade não se *empodera*, ele continua em constante fragilidade social e exposto às violências que atingem a sua coletividade, como o genocídio, por exemplo. Seria preciso estabelecer a necessidade de avaliar e articular diversas dimensões de trabalho rumo a aplicação da Teoria do Empoderamento como instrumento de emancipação e erradicação das estruturas que oprimem.

Outras são as barreiras estruturais no efetivo processo de conceituação, disseminação e prática do *empoderamento* a grupos oprimidos: a do conhecimento, aqui entendido sob alguns aspectos. Um dos contextos é o projeto político de educação pública de base que é sucateado historicamente no país em favorecimento da mercantilização da educação, barreira importante para a formulação de consciência crítica. Lamentavelmente, observamos até os dias de hoje uma indisposição institucional, midiática e política para a reflexão crítica. Em consequência, as teorias por aqui se perdem facilmente em meio a um emaranhado de superficialidades. Somase a isso o silenciamento compulsório que cunhou nas populações oprimidas, sobretudo na comunidade negra, o qual atravanca o potencial de discussões, uma vez que abordar questões raciais tem sido alvo de muita rejeição e ridicularização, inclusive institucional. O silenciamento é uma prática recorrente das estruturas opressoras que operam neste país o que, a longo prazo, impõe aos indivíduos que pertencem a esses grupos o que a Dra. Kristie Dotson, professora associada de filosofia da Universidade de Memphis, nos EUA, chama de *testimonial smothering* – sufocamento testemunhal, em português – que significa "o alijamento da própria vivência para assegurar que o discurso contém apenas conteúdo para o qual o público demonstra interesse em assimilar".[33]

Essa feminista negra norte-americana vem se dedicando ao estudo específico do silenciamento enquanto tecnologia de opressão, e por consequência vem identificando outros tipos de uso do silenciamento. Sobre esse silenciamento opressivo em especial, a partir do qual podemos também refletir a realidade brasileira, a pensadora afirma que isso ocorre porque o oprimido percebe de imediato que o grupo opressor não está disposto ou é incapaz de assimilar o que está sendo dito. Ou seja, com o tempo, em razão da repulsa em dialogar abertamente sobre as opressões que estruturam nossa sociedade, deixamos de falar sobre elas ou falamos apenas o que é permitido.

A longo prazo, o silenciamento dos grupos oprimidos e o endurecimento do conveniente desinteresse dos grupos dominantes em discutir nossas matrizes opressoras geradoras das desigualdades, deixou um enorme atraso na produção de conhecimento, visto que há uma incompletude em quase tudo que se propõe a estudar sobre temas correlatos e uma superficialidade generalizada que foi mutilando todas as forças que carecem do conhecimento profundo para se atualizar e instrumentalizar a sociedade no sentido de viabilizar práticas de erradicação dos nossos problemas históricos. Para esse quadro, a Dra. Dotson tem outro termo cunhado, o *pernicious ignorance* – em português, ignorância prejudicial, de má fé, perniciosa que constitui-se em uma violência epistêmica. Isto é, que atinge saberes e conhecimentos da população negra, no sentido de haver uma deliberada ação em dificultar o acesso e negar a produção intelectual dos grupos historicamente oprimidos. Essa ignorância advém pelo fato das classes dominantes perpetuaram a manutenção das desigualdades.

Sobre silenciamento e a ignorância prejudicial a grupos oprimidos, podemos também pensar a realidade das mulheres negras a partir da frase da ativista negra brasileira Monique Evelle, em 2015, quando afirmou em palestra "nunca foi tímida, fui silenciada". Essa afirmação denuncia um sistema que funciona na opressão pelo apagamento, assim como a feminista negra caribenha Audre Lorde quando diz que "o peso do silêncio vai acabar nos engasgando". Assim como Dotson, Audre reflete que tal silêncio não é individual, mas sim um silenciamento institucional, uma conduta, uma ação em provocar esse silenciar de grupos subalternizados.[34]

A diversidade da formação da população brasileira tem sido negligenciada em nossa sociedade em geral e mais especificamente nos meios acadêmicos e intelectuais. Sueli Carneiro em sua tese *A construção do outro como não-ser com fundamento do ser*[35] reforça a reflexão de Boaventura Souza Santos, ao definir o desprezo dos saberes produzidos pela intelectualidade negra como mais uma estratégia de genocídio de toda uma raça, autorizada pelos meios acadêmicos.[36] Já Grada Kilomba reflete sobre a tutela branca que define quem/quando e o que pode ser dito no capítulo "The Mask" em *Plantation Memories: Episodes of Everyday Racism* em que afirma que quer

> [...] falar sobre a máscara do silenciamento. Tal máscara foi uma peça muito concreta, um instrumento real que se tornou parte do projeto colonial europeu por mais de trezentos anos. Ela era composta por um pedaço de metal colocado no interior da boca do sujeito Negro, instalado entre a língua e a mandíbula e fixado por detrás da cabeça por duas cordas, uma em torno do queixo e a outra em torno do nariz e da testa. Oficialmente, a máscara era usada pelos senhores brancos para evitar que africanos/as escravizados/as comessem cana-de-açúcar ou cacau enquanto trabalhavam nas plantações, mas sua principal função era implementar um senso de mudez e de medo, visto que a boca era um lugar tanto de mudez quanto de tortura. Neste sentido, a máscara representa o colonialismo como um todo. Ela simboliza políticas sádicas de conquista e dominação e seus regimes brutais de silenciamento dos(as) chamados(as) "Outros(as)": Quem pode falar? O que acontece quando falamos? E sobre o que podemos falar?[37]

O reforço do protagonismo dos movimentos sociais, especialmente do Feminismo Negro, que se deu por uma disputa maior de narrativas desses movimentos com a expansão da internet, fez com que outros discursos e demandas viessem para o centro da discussão. Conceitos como *lugar de fala* e *representatividade*, passaram a ganhar espaço e força, ao mesmo tempo em que o contradiscurso que almeja desestruturar essa evolução, passa a esvaziar e/ou tirar a legitimidade deles, pela distorção ou cooptação.

A população negra foi confinada entre outras práticas, na desumanização de escravizados de ontem e de hoje – ainda que a escravização de hoje seja oculta e consequente de séculos de escravização fática, já que a abolição completa da escravização de pessoas negras nem foi processada de maneira correta pela sociedade e avançou pouco mais do que algumas mudanças de legislação, muito em parte pela negação de saberes, produção e potencial intelectual negra que foi, é e tem sido mais um caminho eficiente para mantê-la no lugar da subalternidade.

No caso de mulheres negras e seu peculiar posicionamento na encruzilhada das opressões que construíram nossa sociedade, para lembrar da interseccionalidade cunhada por Kimberlé Creenshaw, há uma invisibilidade que é consequência da articulação dos grupos subalternizados dentro da pirâmide social, afinal sofre racismo o homem negro e sofre machismo a mulher branca. E onde fica a mulher negra? Não fica em lugar algum ou no *não lugar*. Ou como brilhantemente define Kilomba, ocupa o lugar de "o outro do outro", ou ainda, nas considerações de Audre Lorde, mulheres negras são as *sister outsider* que em tradução literal significa "irmãs de fora".

Seguindo os princípios da interseccionalidade de Creenshaw, o posicionamento de mulheres negras é um divisor de águas para toda a luta feminista, uma vez que levanta questionamentos acerca da homogeneidade do ser feminino universal, cunhado por mulheres brancas dentro do feminismo e ressignifica todo o trabalho de *empoderamento* partindo desse lócus social que, invariavelmente, abarca outros entendimentos que envolvem as opressões em outros níveis, inclusive determinando sua diversidade e complexidade que adquire a medida que se insere nas realidades adjacentes dos grupos minoritários. O pensamento de feministas negras abre dimensões importantes do trabalho de empoderamento ao mesmo tempo em que define a necessidade de interligação entre essas dimensões, da mesma maneira que não se pode dissociar os processos individuais dos processos coletivos.

Como bem exemplifica um dos maiores expoentes do Feminismo Negro brasileiro, Sueli Carneiro, em um dos seus artigos fundamentais para o entendimento do lócus social do grupo de mulheres negras, intitulado *Enegrecendo o feminismo: a situação da mulher negra na América Latina a partir de uma perspectiva de gênero* diz que

> Em geral, a unidade na luta das mulheres em nossas sociedades não depende apenas da nossa capacidade de superar as desigualdades geradas pela histórica hegemonia masculina, mas exige, também, a superação de ideologias complementares desse sistema de opressão, como é o caso do racismo. O racismo estabelece a inferioridade social dos segmentos negros da população em geral e das mulheres negras em particular, operando ademais como fator de divisão na luta das mulheres pelos privilégios que se instituem para as mulheres brancas. Nessa perspectiva, a luta das mulheres negras contra a opressão de gênero e de raça vem desenhando novos contornos para a ação política feminista e anti-racista, enriquecendo tanto a discussão da questão racial, como a questão de gênero na sociedade brasileira.[38]

Se o Feminismo Negro luta pela erradicação do racismo como estruturante social, ele se funde ao movimento negro. Se o Feminismo Negro aponta as opressões atreladas ao gênero, ele se aglutina a linha de frente do Feminismo dito universal. Então temos a necessidade de explicitar todas as contribuições do Feminismo Negro, suas proposições e apontamentos para que em um só tempo tenhamos um entendimento profundo dos caminhos da história, bem como dos princípios norteadores de novas ações e posturas que visam a equidade como potencial eliminador das opressões.

Sob esse aspecto o artigo de Carneiro prossegue consolidando essa necessidade de assimilação do pensamento de mulheres negras para a evolução das discussões acerca das nossas fissuras sociais que, já devidamente identificadas e aprofundadas, estão assentadas de maneira definitiva em todas as ações promovidas que tem como norte o *empoderamento*, seja *individual* ou *coletivo*, assim como

> A importância dessas questões para as populações consideradas descartáveis, como são os negros, e o crescente interesse dos organismos internacionais pelo controle do crescimento dessas populações, levou o movimento de mulheres negras a desenvolver uma perspectiva internacionalista de luta. Essa visão internacionalista está promovendo a diversificação das temáticas, com o desenvolvimento de novos acordos e associações e a ampliação da cooperação interétnica. Cresce entre as mulheres negras a consciência de que o processo de globalização, determinado pela ordem neoliberal que, entre outras coisas, acentua o processo de feminização da pobreza, coloca a necessidade de articulação e intervenção da sociedade civil a nível mundial. Essa nova consciência tem nos levado ao desenvolvimento de ações regionais no âmbito da América Latina, do Caribe, e com as mulheres negras dos países do primeiro mundo, além da participação crescente nos fóruns internacionais, nos quais governos e sociedade civil se defrontam e definem a inserção dos povos terceiro-mundistas no terceiro milênio.[39]

Não é possível formar um pensamento crítico completo, em qualquer área do conhecimento, negando os apagamentos e exclusões fomentadas ao longo da nossa história, como fazem por exemplo, quase todos os teóricos do urbanismo, ignorando as opressões como válvula motriz das desigualdades que eles, assertivamente, já assumiram que existem. Cito o Urbanismo porque é meu campo de estudo e formação, mas certamente poderia citar todas as outras áreas possíveis e imagináveis do conhecimento dito universal.

Nesse sentido, é urgente falar sobre as temáticas do pensamento do Feminismo Negro, não como supérflua manifestação identitária, mas como importante contribuição para a reestruturação social a partir das necessidades de grupos minoritários, tendo em vista que o lócus social e as experiências que dele emergem. Como bem pontua Djamila Ribeiro, em *O que é lugar de fala?*, são para além da função enquanto instrumentos de luta pelo direito de existir, a complementação para o hiato que os cânones do pensamento universal deixara. No mesmo caminho de raciocínio, o *empoderamento* é a continuidade do processo que garantirá que essa existência pleiteada pelo *lugar de fala* se desenvolva de maneira plena e eficiente nas ações para a emancipação possível de mulheres negras e de outros sujeitos sociais oprimidos. Cabe lembrar a poderosa fala de Angela Davis, que afirma que a emancipação de mulheres negras representa que toda uma sociedade estará de fato se movimentando rumo a evolução e erradicação dos nossos mais agudos problemas.

Não por acaso, toda luta social que mexe em acúmulos e excedentes de privilégios provocando uma tensão estrutural na sociedade, pelo incômodo premeditado de indivíduos que estão em uma posição de conforto social, tende seguramente a ser alvo de estratégias de autoproteção desses grupos, que acabam por criar estratégias quase instintivas de defesa aguerrida de seus interesses. É o movimento reativo que ao menor sinal de perigo sai em defesa daquilo que acredita ser seu por direito, desconsiderando que acúmulos e excedentes são construídos à custa da escassez e da exploração de outros. Daí surge a distorção do sentido real das ferramentas, de estratégias sociais e políticas empregadas pelos grupos que buscam primordialmente o direito à existência plena e a justa distribuição das benesses sociais. O *empoderamento*, assim como o *lugar de fala*, coloca-se em uma posição estratégica de descortinador da bipolaridade social que ao mesmo tempo anseia pela igualdade em um sintoma confuso de crise ética, mas não se mostra disposta a olhar para seus acúmulos e questioná-los no sentido de promover um recuo em nome de uma transformação social completa e possível.

EMPODERAMENTO: PERSPECTIVA ECONÔMICA E DE POLÍTICAS PÚBLICAS

Importante destacar a abordagem do *empoderamento* pela perspectiva econômica, como prática de fortalecimento de comunidades e também como o conceito foi utilizado no campo de políticas públicas e por organizações não-governamentais no sentido de supostamente criar estratégias de desenvolvimento voltadas para a superação da pobreza. Jorge Romano e Marta Antunes, no livro *Empoderamento e direitos no combate à pobreza*,[40] afirmam na introdução que a nocão de *empoderamento* passou a ser utilizada pelos movimentos sociais e posteriormente passam a ser incorporadas como práticas das ONGs na década de 70. Porém, alertam que o conceito e a abordagem "foram gradualmente apropriados pelas agências de cooperação e organizações financeiras multilaterais (como o Banco Mundial)".[41] Segundo os autores, esta apropriação por agências criam um processo de despolitização/homogeinização e, por conta disso, o conceito de *empoderamento* passa a ser um termo de disputa no campo ideológico de desenvolvimento que

> Por sua vez, nos últimos anos, percebe-se que um número crescente de instituições da Sociedade Civil introduz em sua estratégia a abordagem baseada em direitos, a qual tem sua origem na luta pelo reconhecimento e promoção do conjunto de direitos humanos (civis, políticos, econômicos, culturais, etc). As próprias agências de cooperação e organizações financeiras multilaterais vêm progressivamente adotando esta nova conceitualização na formulação de suas políticas e estratégias. Dessa forma, a noção de direitos e a abordagem baseada em direitos passam também a ser motivo de debate e disputa no campo de desenvolvimento, tal como ocorre no caso de empoderamento.[42]

Romano, intelectual argentino e professor na Universidade Federal Rural do Rio de Janeiro, chama a atenção no primeiro capítulo chamado "Empoderamento: recuperando a questão do poder no combate à pobreza" para o fato do conceito de *empoderamento* ter sido cooptado pelo discurso dominante do *mainstream* de agências internacionais, como o Banco Mundial, a servir como um instrumento para manutenção das práticas assistencialistas, de modo a continuar exercendo o controle social sobre grupos oprimidos e não visam a transformação. Essa dominação estaria atendendo a uma lógica neoliberal que não visaria de fato pensar fortalecimento comunitário, fazendo com que o conceito de *empoderamento* fuja do seu real significado e seja aplicado por essas agências como forma de manutenção da exclusão, de confinamento aos seus lugares sociais. Para o autor, trata-se de reformismo e não mudança fundamental. O objetivo, portanto, seria criar uma prática meramente assistencialista, uma prática de dependência. Mais uma vez, então, vemos uma teoria ser concebida com propósito revolucionário e transformador para então ser desvirtuada a atender algum interesse de grupos dominantes.

> Assim, o empoderamento invocado pelos bancos e agências de desenvolvimento multilaterais e bilaterais, por diversos governos e também por ONGs com muita freqüência vem sendo usado principalmente como um instrumento de legitimação para eles continuarem fazendo, em sua essência, o que antes faziam. Agora com um novo nome: empoderamento. Ou para controlar, dentro dos marcos por eles estabelecidos, o potencial de mudanças impresso originariamente nessas categorias e propostas inovadoras. Situação típica de transformismo (*gattopardismo*): apropriar-se e desvirtuar o novo, para garantir a continuidade das práticas dominantes. Adaptando-se aos novos tempos, mudar "tudo" para não mudar nada.[43]

Seguindo na crítica, Romano questiona como poderia haver *empoderamento* sem alteração nas dinâmicas das relações de poder. Outro ponto fundamental é como se pode imaginar que o processo de *empoderamento* possa ser neutro, desconsiderando por completo assim suas dimensões ideológicas e políticas com o propósito de domesticar grupos oprimidos:

> Busca-se reduzir os efeitos do empoderamento, no melhor dos casos, aos de uma progressão aritmética e não potencializar suas possibilidades enquanto desencadeador de progressões geométricas. Com essa pasteurização do empoderamento, tem-se procurado eliminar seu caráter de fermento social.[44]

Assim, notamos que *empoderamento* é um processo e não um fim em si mesmo. O que o autor está dizendo é que valer-se de um uso reformista e paternalista é retirar a potência necessária para alterar o estado atual de coisas, mantê-las como estão; que não altera a distribuição do poder, para ele ficar concentrado onde sempre esteve. Este tipo de visão pasteurizada busca neutralizar o potencial revolucionário. Vale dizer que não é possível alterar as relações de poder sem o necessário conflito e questionamento, uma vez que pensar em *empoderamento* é pensar em práticas e discursos políticos contestatórios, sendo que

> A abordagem de empoderamento não pode ser neutral, nem ter aversão a conflitos e a seus desdobramentos. O desdobramento dos conflitos significa que o processo de mudança, uma vez deslanchado, permeia e se infiltra em outras dimensões vividas pelas pessoas e grupos sociais. O empoderamento implica contágio, não assepsia. É fermento social: está mais para inovação criativa que para evolução controlada.[45]

Romano parte de Geeta Sen, intelectual indiana professora universitária em Bangalore e referência internacional no estudo sobre o tema para afirmar que o empoderamento não pode ser considerado como "uma dádiva", algo que possa ser feito a alguém por outra pessoa. Segundo a autora, governos, agências e ONGs não empoderam as pessoas e as organizações. O que as políticas de ações governamentais podem fazer é criar um ambiente favorável ou, opostamente, colocar barreiras ao processo de *empoderamento*. Além disso, Romano se mostra preocupado com o *empoderamento* ser algo "tecnicizado", pensado em sala de aula, ao invés de trocas de experiências coletivas e conjuntas de enfrentamento aos variados sistemas de dominação: "isto é se supervalorizaram os efeitos políticos da ação pedagógica em detrimento dos efeitos pedagógicas da ação política".[46] Suas reflexões remetem à noção Freiriana de *empoderamento*, de uma consciência crítica entrelaçada com a prática transformadora. No entanto, o autor alerta para o risco de se "superpolitizar" a noção de *empoderamento*, no sentido específico de alguns movimentos e organizações se sentirem os mensageiros quase que exclusivos da "cartilha" *empoderadora*, julgando-se como únicas réguas a se medir *empoderamento* e afastando muitas vezes pessoas a quem a teoria mais faria potência.

> Agentes de mudanças externas podem ser catalisadores essenciais, mas a dinâmica do processo de empoderamento é definida pela extensão e a rapidez com que as pessoas mudam a si mesmas. Isso significa que, se os governos capacitam as pessoas, elas se fortalecem, isso significa que os governos não empoderam as pessoas; as pessoas empoderam-se. Assim, o que as políticas governamentais e ações podem fazer é criar um ambiente favorável ou agir como uma barreira ao processo de empoderamento.[47]

Dito isso com destaque para as críticas ao esvaziamento do significado do sentido original de *empoderamento* pela perspectiva econômica para mulheres negras, bem como para outros grupos vitimados pelo sistema de dominação, vamos prosseguir para avaliar alguns casos importantes para a presente discussão, como, por exemplo, a aderência expressiva ao afroempreendedorismo que também é conhecido como movimento *black money*, o qual consiste basicamente em criar estratégias para que a circulação de dinheiro e o consumo se concentre dentro da comunidade negra, concebendo uma reversão estratégica do significado de poder, sobretudo se for pautada pelo fortalecimento de toda comunidade/população negra, pela preferência radical de produções feitas por e para pessoas negras, desde o planejamento do produto até a propaganda deste, em um movimento inverso ao que o racismo faz, excluindo a existência negra enquanto consumidora. E essa dimensão econômica tem um histórico muito mais profundo do que parece em um primeiro momento. Cabe um parêntese e dizer que pessoas negras historicamente empreendem por necessidade, posto que o racismo estrutural impede a colocação em empregos formais. Por conta disso, e com o avanço de um discurso neoliberal e de precarização do trabalho, é fundamental estar atento ao discurso "fácil" do empreendedorismo, que visa, muitas vezes, precarizar ainda mais situação de trabalhadores, sobretudo negros e negras.

É evidente que perpassa o processo de *empoderamento* o fortalecimento social que o dinheiro/capital proporciona. É uma estratégia de dominação e aniquilamento de mobilidade social manter grupos explorados longe dos confortos e das benesses que o capitalismo proporciona – e isso tem sido feito há séculos. Os escravizados nunca tiveram possibilidade de acúmulo significativo de capital, quando alguns poucos puderam comprar suas alforrias. No entanto, diante da possibilidade jurídica da compra da liberdade, era essencial que se garantisse que as riquezas jamais chegassem as mãos daqueles que a construíam sob pena de perder o foco de construção das riquezas, que era a exploração de mão-de-obra. No pós-abolição, marcadamente no processo de industrialização onde houve o incentivo à vinda de europeus, que assumiram os postos de trabalho, essa lógica não foi eliminada; ao contrário, ganhou novos contornos de modo que foi possível manter a exploração de mão-de-obra da negritude, só que agora com uma boa máscara social que a um só tempo ia de encontro com os novos arcabouços jurídicos que proibiam a escravização, mas que não rompiam com o esquema usado durante todo o período colonial: havia um "salário" ou os serviços prestados eram "pagos". Esse pagamento, bem sabemos, embora a história não enfatize, era somente para garantir alguma alimentação e/ou local para dormir.

Esse movimento perverso se seguiu até os dias de hoje, onde as sutis alterações não foram suficientes para formar uma população negra economicamente passível de sobrevivência e existência digna e, menos ainda, que possa consubstanciar a formação de uma classe média negra. As minorias sociais são prioritariamente pobres e é isso que garante com que as possibilidades de se mover para outra posição na pirâmide social sejam escassas; para alguns, impossíveis. Olhando desse ponto, fica óbvio que grupos sociais minoritários precisem do fortalecimento econômico. Vale dizer que há uma tradição de estudo de *empoderamento* pela perspectiva econômica por organizações internacionais como a ONU, UNESCO, além de pesquisa em países do sul da Ásia, em especial quando se discute microcréditos para populações pobres de países com baixo Índice de Desenvolvimento Humano (IDH) e/ou com grandes desigualdades, sendo pauta, por exemplo, em 2006, quando o Nobel da Paz foi laureado a Muhammad Yunus, natural de Bangladesh, criador do conceito de microcrédito e conhecido como o *banqueiro dos pobres*. Yunus criou o Banco Grameen que emprestava microcréditos à mulheres, sendo que elas não precisavam apresentar garantias e a juros baixos. Vale destacar, contudo, críticas ao sistema de microcrédito por gerar insuportável pressão social para pagamento em instituições que cobram taxas de juros extorsivas, além de um acúmulo de dívidas, conforme mostram alguns estudos.

No Brasil, agora pela perspectiva da gestão pública, são vários estudos nacionais e internacionais que apontam o programa Bolsa Família, implementado pelo governo Lula, como um exemplo de programa destinado às mulheres que favoreceu o ambiente para que elas conseguissem o mínimo de autonomia por ser responsável pela retirada da renda, alterando a dinâmica de relações de poderes de diversas famílias. A antropóloga Walquíria Domingues Leão Rêgo, professora titular na Universidade Estadual de Campinas e o filósofo italiano Alessandro Pinzani, da Universidade Federal de Santa Catarina, analisaram durante cinco anos mulheres destinatárias do programa no interior do Piauí, litoral de Alagoas, Vale do Jequitinhonha, interior do Maranhão, e a periferia de São Luís, em um importante exercício de ouvir sobre a transformação da realidade a partir das próprias mulheres por meio de entrevistas, ao invés de análise distante e questionários rígidos. Os pesquisadores relataram que aumentou o número de mulheres que procuram métodos anticoncepcionais; que elas passaram a se sentir fortalecidas para enfrentarem o assédio dos próprios maridos, como também aumento o número de mulheres que pediram o divórcio.[48] [49]

Outro importante exemplo a ser apontado é o programa Renda Básica de Cidadania, de autoria do professor da Fundação Getúlio Vargas, ex-senador e atual vereador da cidade de São Paulo, Eduardo Suplicy, que visa uma forma de distribuição de renda no país. Lamentavelmente, apesar de ter sido sancionado como lei federal em 2004 pelo Presidente Lula, ela nunca foi regulamentada. Por esse sistema, cada cidadão ou cidadã receberia uma quantia fixa por mês determinada pelo Estado, independente de trabalhar ou não. Vale dizer que política parecida foi implementada na Finlândia e Holanda em 2017. Assim como ocorrido no Bolsa Família, o programa pensa a perspectiva da mulher. Em sua obra *Renda de cidadania: a saída é pela porta,* Suplicy destaca que os direitos das mulheres não estão restritos somente a emancipação no que diz respeito a seus direitos legais, econômicos e/ou políticos, mas também direito à libertação pessoal. Apesar do programa Renda Básica não ter sido implementado, o autor acredita que o Bolsa Família é um dos meios para alcançar tal objetivo.

> A mulher tem o direito de participar da riqueza da nação, que ela mesma ajudou a construir. Tem direito a um patrimônio correspondente a seu esforço na construção de nossa sociedade, direito à isonomia profissional com os homens, a uma vida digna e a uma renda capaz de lhe prover suas necessidades. Tem direito não apenas a sua emancipação referente a seus direitos legais, econômicos ou políticos, e à sua libertação pessoal, mas também a viver num país com desenvolvimento saudável e duradouro.[50]

Entretanto, é preciso ressaltar, como já dito, que esse fortalecimento pode ajudar no processo de *empoderamento*, mas não é ele sozinho que garante que esses grupos estejam longe das agruras de se viver em um sistema racista, patriarcal, fóbico, etc. Isso sobretudo quando esse fortalecimento econômico acaba por cair na pior armadilha, ao deixar de manter o movimento de fortalecimento de toda a comunidade, caindo na devolução sumária do capital duramente acumulado para as mãos do grupo opressor. Ressalte-se que no sistema capitalista as pessoas negras não são as donas dos meios de produção e são as que mais sentem o peso do capitalismo.

Por fim, cabe lembrar, tendo em vista as premissas de interseccionalidade que desvenda a encruzilhada das opressões na compreensão do lugar estratégico em que se situam mulheres negras e funcionando como limítrofe da possibilidade de desenvolvimento social para esse grupo minoritário em especial, que faz muito sentido trabalhar o conceito de maneira ampla, mas sempre incitando a aplicabilidade dele em nossas vidas. O Feminismo Negro e suas pensadoras têm se debruçado em diversas reflexões a respeito do conceito propriamente dito, bem como de suas ramificações, tendo em vista que nenhum outro grupo seja tão necessitado desses processos e de sua aplicabilidade fática quanto o de mulheres negras.

ACESSO A MECANISMOS DE PARTICIPAÇÃO SOCIAL: UM DEBATE SOBRE DEMOCRACIA E *EMPODERAMENTO*

Já que estamos falando sobre gestão pública, parece-nos uma boa hora para também discutirmos rapidamente mecanismos de participação popular na rotina democrática, uma vez que a Teoria do Empoderamento significa que esses grupos oprimidos poderão ter acesso às decisões da vida pública, sobretudo para além do voto a cada quatro anos, como também em Conselhos de Bairros, Plebiscitos, Consultas Prévias entre outros diversos mecanismos de participação que abrem a via para tantos diálogos e demandas sufocadas. Maria da Glória Gohn, professora titular da Universidade Estadual de Campinas, em *Empoderamento e participação da comunidade em políticas sociais* explica que

> A importância da participação da sociedade civil se faz neste contexto não apenas para ocupar espaços antes dominados por representantes de interesses econômicos, encravados no Estado e seus aparelhos. A importância se faz para democratizar a gestão da coisa pública, para inverter as prioridades das administrações no sentido de políticas que atendam não apenas as questões emergências, a partir do espólio de recursos miseráveis destinados às áreas sociais.[51]

Isso significa dizer que falar em empoderamento de um grupo social é necessariamente falar sobre democracia e expansão da sua atual restrita aplicação. Empoderamento, na vida política pública, também é efetivado pelo exercício dos direitos políticos, dentre o qual a participação como cidadão e cidadã na discussão pública é uma das principais ferramentas. Por sua vez, quando falamos de grupos oprimidos, cujas vozes muitas vezes são silenciadas, conforme vimos anteriormente, o acesso a espaço de decisões em sociedade é uma dentre tantas estratégias de resistência.

Ocorre que no Brasil são poucos os incentivos para a população participar da democracia em curso. Marcello Baquero, professor titular de Sociologia na Universidade Federal do Rio Grande do Sul, no artigo *Construindo uma outra sociedade: o capital social na estruturação de uma cultura política participativa no Brasil*[52] problematiza a falta de estímulo para participação social como um duro obstáculo colocado pelas estruturas que mantém sistemas de opressão

> Como estimular e motivar os cidadãos a participar politicamente em um contexto de fragmentação e crescente desigualdade social? Como criar e/ou reconstituir um ambiente estimulante para a participação política? Tais desafios são gigantescos, pois o Estado, ao longo de sua história, tem perdido a credibilidade em convocar seus cidadãos para enfrentar essa tarefa. Tornou-se imperativo, portanto, refletir sobre mecanismos que proporcionem o retorno do cidadão à esfera política.[53]

No Brasil, diversos movimentos sociais foram derrotados na instituição da Política Nacional de Participação Social (Decreto 8.423/14), que regulamentava a criação de mecanismos de participação da população nas decisões da vida pública, como conselho, comissões, ouvidorias, entre outros. O texto estabelecia objetivos e diretrizes criados para a sociedade civil compartilhar decisões sobre programas e políticas públicas, pois órgãos da administração pública federal teriam de considerar esses conselhos e ouvi-los na hora de formular, avaliar e monitorar suas políticas. Um dos méritos do plano era abranger o conceito de sociedade civil para contemplar "os movimentos sociais institucionalizados ou não institucionalizados, suas redes e suas organizações". Contudo, a Câmara aprovou o projeto contrário exatamente no sentido de derrubar o plano de participação. Vale enfatizar que pesquisas e a luta pela ampliação da participação social continuam.[54]

Entretanto, apesar do Plano Nacional de Participação Social ter sido rechaçado, em algumas cidades o debate já é uma realidade. Como exemplo, temos a luta pela Participação Social na cidade de São Paulo, megalópole da América Latina. O tema ganhou maior projeção após projeto de lei de participação ter sido desenvolvido na gestão da prefeitura de Fernando Haddad, na Secretaria de Direitos Humanos, em especial na coordenadoria de Participação Social, à época encabeçada pela coordenadora Maria José Scardua e seu adjunto José Luiz Lima – *in memorian* –, carinhosamente conhecido como Zé Luiz, conhecido por sua mobilização e participação popular, um dos grandes responsáveis pelo avanço da pauta na cidade. O projeto de lei é um exemplo de consulta à população, foram oito consultas virtuais, catorze reuniões por região, diversas audiências públicas, como também contava com representantes de todas as secretarias, dentre outras integrações. Além disso, no decreto para elaboração de conselhos que discutiriam a questão, foi instituída a paridade de gênero, bem como cadeiras para migrantes e imigrantes. Atualmente, o projeto está em trâmite na Câmara dos Vereadores sob relatoria do vereador Eduardo Suplicy, sendo, sem sombra de dúvidas, um projeto que poderia ser adaptado para atender os demais municípios do país.[55]

Em entrevista por telefone que me concedeu para elaboração do livro em março de 2018, Scardua, que foi presidente do Conselho da Mulher do Estado do Espírito Santo, é Mestre em Psicologia pela Universidade Federal do Espírito Santo e, atualmente, assessora parlamentar, e confere-nos uma importante reflexão para o debate sobre empoderamento, participação social e ampliação do alcance e do sentido de democracia:

> Não há que se pensar em participação popular numa cidade de 12 milhões de habitantes se ela não for descentralizada. A ideia da participação popular e direta é o processo de construção da democracia e também um processo longo de desconstrução do ódio contra política, um processo cultural de conscientização e empoderamento, de pertencimento das pessoas e grupos que se propõem a deliberar política pública. A gente ainda não conseguiu agregar essa cultura na sociedade porque temos um processo muito vil de dominação ideológica das mídias, uma demonização da política, como também por conta do próprio processo de formação educacional. Mas é muito importante que as pessoas entendam que é difícil participar socialmente, pois as pessoas têm o direito de chegarem cruas e, com o tempo, constituírem-se, empoderarem-se. Fazer participação social é extremamente substancial, traz muitas histórias de vida e é um processo longo e demorado de formação, conscientização, escuta; é a contramão do mundo que tem a urgência de tudo, a urgência do lucro. Trata-se de pensar não um projeto de governo, mas um projeto de sociedade.

Ainda pela via interseccional, há também uma importante discussão a ser feita sobre empoderamento de grupos e o cenário da participação social. O professor de Direito Constitucional da Pontifícia Universidade Católica de Campinas (PUC – Campinas), Pedro Pulzatto Peruzzo, em sua tese de doutorado pela Faculdade de Direito da Universidade de São Paulo, defende que o Brasil assinou tratados suficientes, como a Convenção 169 da Organização Internacional do Trabalho,[56] promulgada no país, para que seja regulamentado ao consulta prévia à população indígena para leis e programas que a atinja, "a ser aplicado como requisito imprescindível para todas as medidas administrativas e legislativas suscetíveis de afetar os povos indígenas no Brasil, em sintonia com o que tem sido construído no sistema Interamericano de Direitos Humanos e em outros países americanos".[57]

> Quando sustentamos aqui a consulta prévia como uma forma de enraizamento da democracia participativa, estamos dialogando com essa proposta de uma cidadania de baixo para cima. Em outros termos, o que estamos entendendo aqui por democracia participativa não significa a anulação das funções do Congresso Nacional ou dos gestores públicos, mas o fortalecimento de processos em que grupos minoritários tenham a oportunidade de apresentar os seus pontos de vista e, se for o caso, de dizerem "não" às propostas de leis e às políticas públicas de cima pra baixo e que, por isso mesmo, repetem a lógica colonial e violam direitos humanos reconhecidos na Constituição, nos tratados e convenções internacionais e na legislação infraconstitucional.[58]

No mesmo sentido, a falta de regulamentação de consulta pública às comunidades quilombolas é apontada como um dos obstáculos enfrentados pelo programa Brasil Quilombola, implementado pela Secretaria Nacional de Políticas de Promoção da Igualdade Racial em 2004, que tem como objetivo consolidar os marcos da política de Estado para áreas quilombolas, conforme nos aponta a pesquisa de mestrado da intelectual negra Allyne Andrade na Faculdade de Direito da Universidade de São Paulo.[59] Entretanto, necessário destacar que os mecanismos de participação social são apenas um dentre tantas ferramentas necessárias para empoderamento da população, não sendo, portanto, um fim em si mesmo, conforme Gohn nos traz o alerta:

> Cumpre destacar, entretanto, que a participação da sociedade civil não pode, nunca, se resumir à participação nos espaços dos conselhos ou outros criados na esfera pública. Até para que essa participação seja qualificada [...] ela deverá advir de estruturas participativas organizadas autonomamente na sociedade civil. O chamado trabalho de base é fundamental para alimentar e fortalecer a representação coletiva nos colegiados da esfera pública. Essa esfera pública não pode ser vista como um degrau superior, que surgiu para eliminar ou superar formas e níveis de mobilização e organização que existiram na sociedade brasileira nos anos 1970/80, pois esta é uma visão etapista, linear e evolutiva.[60]

RESSIGINIFICAÇÃO PELO FEMINISMO NEGRO

Compreender o legado de teóricas e pensadoras negras e seu entendimento e assimilação do conceito é, hoje em dia, essencial para aprofundarmos ainda a noção do conceito, o qual foi assimilado por mulheres negras antes mesmo da teoria ser acessível à elas. Estratégias de enfrentamento ao sistema racista e redes de solidariedade política fazem parte do legado de luta dessas mulheres. A intelectual e feminista negra Lélia Gonzalez afirmava que, como mulheres negras, não compartilhamos somente história de opressão; era preciso conhecer as trilhas dos caminhos percorridos de luta a essas opressões. Em outras palavras, não perder a perspectiva histórica de resistência e possibilidades de reexistir a partir da autodefinição. A socióloga Patricia Hill Collins em seu livro, *Black Feminist Thought*, alerta para o fato de que o Feminismo Negro não é uma complementação ou adição ao Feminismo dito universal, mas parte de uma perspectiva de se pensar projetos e abordagens que deem conta de pensar as opressões estruturais, a partir de formulações políticas de mulheres negras. Para a pensadora, as mulheres negras se auto definirem é uma estratégia importante para combater a "invenção da mulher negra" pela ótica colonizadora. Collins entende o lugar da mulher negra, por mais que marginalizado, como um lugar de potência. O Feminismo Negro, nesse sentido, visa trazer estratégias de superação das opressões estruturais, como ampliar o conceito de humanidade. Nesse sentido, afirma Juliana Borges, no artigo *A urgência do pensamento feminista negro para a democracia* que

> Em visita recente visita ao Brasil, a socióloga afro-americana Patricia Hill Collins delineou algumas das questões centrais dele. Em primeiro lugar, uma das premissas fundamentais é de que o pensamento feminista negro não é um aditivo de outros feminismos, mas uma formulação própria feita a partir das necessidades, conhecimentos e formas de atuação política próprias das mulheres negras. Em segundo lugar, o senso de humanidade indissociável da luta feminista negra, a defesa de si conectada à defesa do outro, tendo em vista o processo de desumanização que corpos negros passaram, seja das populações negras em diáspora, seja da constante desumanização das populações negras em África. Ressaltou também a interseccionalidade, que evoca a heterogeneidade, e sublinhou a disputa pelo poder, e não de identidades, como centro deste pensamento, tendo na luta anticapitalista sua forma, já que o capitalismo é um sistema indissociável das desigualdades e da dominação do outro visando o lucro e acúmulo e concentração de riquezas. Por fim, a descolonização dos corpos, mentes e espíritos negros, seja na noção metafórica, seja na noção literal e de entendimento de defesa da liberdade.[61]

Para hooks, uma nova moldura conceitual é fundamental para que esses grupos possam sair da ideia de vitimização para a de responsabilidade por se enfrentar as estruturas opressoras. Obviamente que a autora reconhece que grupos são vitimizados quando oprimidos, estruturalmente falando, mas chama a atenção para o fato de reivindicar a identidade vitimada como ferramenta de lute, em vez de se pensar mecanismos de enfrentamento às opressões, fixa esses grupos num lugar inerte que não promove a descolonização política. Seria pensar, como a intelectual afirma em *Moving Beyond Pain* – texto que escreveu sobre o álbum da cantora Beyoncé, *Lemonade* – não *podemos só pensar* na medida de nossa capacidade de aguentar a dor, mas sim na celebração de nosso movimento para além da dor".[62]

Em *Refuding to Be a Victim*, bell hooks fala da importância dessas estratégias pensando a necessidade de contrapor identidade vitimada ao que chama de resistência militante.

> Vinda de comunidades feministas no sul segregacionista, eu nunca tinha escutado das mulheres negras sua vitimização. enfrentando a dureza, a destruição causada por falta e privação econômica, a injustiça cruel do apartheid racial, eu vivia em um mundo em que as mulheres ganhavam força no compartilhamento de saber e recursos, e não porque se juntavam na base de serem vítimas. A despeito da incrível dor de viver no apartheid racial, as pessoas negras sulistas não falavam sobre nós mesmas como vítimas mesmo quando nós éramos humilhadas. Nós nos identificávamos mais pela experiência da resistência e triunfo do

> que pela natureza de nossa vitimização. Era um fato que a vida era dura, que havia sofrimento. era pelo enfrentamento desse sofrimento com graça e dignidade que uma pessoa experienciava transformação. Durante a luta pelos direitos civis, quando nos demos as mãos para cantar "nós vamos superar", nós estávamos empoderadas e empoderados por uma visão de preenchimento, de vitória.[63]

A intelectual estadunidense pensa em formas coletivas de superação, ou seja, em empoderamento da comunidade negra para superação das barreiras colocadas pelo racismo e sexismo; mostra a importância de se pensar ações de conscientização da realidade em que esse grupo se encontra, de desvelamento das desigualdades para que esse grupo empodere a si mesmo para enfrentamento e transcendência. O exemplo que dá sobre as estratégias de solidariedade política da comunidade em que nasceu, mostra o quanto mulheres negras, historicamente, estão pensando em empoderamento, pois como bem observa a filósofa estadunidense Angela Davis, o conceito de *empoderamento* nunca foi novidade para esse grupo de mulheres; pois

> O conceito de Empoderamento não é novo para mulheres afro-americanas. Por quase um século, temos nos organizado em grupos voltados a desenvolver coletivamente as estratégias que iluminem o caminho rumo ao poder econômico e político para nós mesmas e para nossa comunidade. Ao longo da última década do século XIX, após serem repetidamente rechaçadas pelo racialmente homogêneo movimento pelos direitos das mulheres, as mulheres negras formaram seu próprio movimento associativo.[64]

Dentro da perspectiva de um pensamento decolonial, Srilatha Batliwala afirma que a característica mais conspícua do termo empoderamento está na palavra "poder", definido por ela como "controle sobre recursos materiais, intelectuais e ideologia".[65] Segundo essa mesma autora, o poder decisório emana do controle sobre esses recursos, que tem estado, em grande parte, sob o controle masculino. Contudo, nós, mulheres, principalmente mulheres negras, não fomos nunca totalmente *desempoderadas*. Tentamos, de uma maneira ou de outra, "expandir nosso espaço", mesmo quando as ideologias patriarcais conseguiram minar essas tentativas.

Se nos EUA a experiência intelectual de mulheres negras estava pautada pelo desenvolvimento dessas mulheres e de sua comunidade, no Brasil e em vários lugares da América Latina também haviam processos de *empoderamento* em curso assim como os

> Estudos a respeito das experiências das mulheres escravas nas Américas têm apontado para o grau de resistência delas no interior das plantações. Não cooperadoras no trabalho diário tinham que ser castigadas severamente. Nas áreas rurais "onde a maior parte estava empregada nas plantações" era por meio da linguagem e da música que educavam seus filhos, reinventando sentidos culturais. Nas áreas urbanas, ocuparam importantes espaços, fazendo deles territórios dos mercados de trabalho, dos seus próprios corpos, desejos e identidades de gênero envolventes.[66]

Para citar um exemplo mais conhecido, podemos falar de Tia Ciata e sua atuação fundamental dentro de sua comunidade, acolhendo e criando meios de proteção e fortalecimento, além de transformar o espaço que ficou conhecido como a "Pequena África", no Rio de Janeiro, em uma resistência cultural e exaltação religiosa. Podemos também falar da Irmandade de Nossa Senhora da Boa Morte, do importante papel social que terreiros cumpriram no Brasil, das estratégias encontradas para a manutenção das religiões afro-brasileiras.

Exatamente por essa constatação, a da execução prática do conceito de *empoderamento* que já vinha sendo aplicado historicamente por mulheres negras, não podemos somente referenciar os que foram considerados precursores pela historiografia tradicional, sob pena de cair no engodo da falaciosa limitação acadêmica que preserva seus cânones e impõe uma epistemologia dominante que ignora as produções de povos considerados implícitos dentro da normatização hegemônica. E convenhamos, essa seria justamente a contradição que Paulo Freire pretendia evitar, isto é, a retomada da exclusão com a hierarquização revisitada, tendo como base o discurso e o conhecimento concentrado como poder que é capaz de manipular pela propagação da história única.[67]

Além dessa importante abordagem trazida por Davis, é necessário voltar e retomar a intelectual negra bell hooks e suas reflexões como educadora, leitora e admiradora de Paulo Freire, que baseia suas obras em seu pensamento para refletir o que podemos chamar de uma pedagogia interseccional. A estudiosa estadunidense amplia a visão para pensar também as intersecções de raça, gênero e sexualidade ao pensar as condições do oprimido na sociedade.

Em *Ensinando a transgredir: a educação como prática da liberdade*,[68] livro publicado em 1994, bell hooks pensa uma pedagogia insurgente com o objetivo de ensinar os estudantes a transgredir as fronteiras colocadas pelo racismo, sexismo e opressão de classe. Na introdução desta obra, hooks conta como era o ambiente escolar da instituição de ensino que frequentava à época do *apartheid*, um lugar político e de resistência antirracista que a fez perceber a importância do conhecimento como prática contra hegemônica para resistir às estratégias de colonização. No primeiro capítulo, denominado "Pedagogia engajada", hooks explana como a obra de Paulo Freire a fez perceber os limites do processo pedagógico com o qual foi ensinada e a entender a necessidade de romper barreiras impostas por esse sistema limitante. "Paulo Freire" é o nome do quarto capítulo do livro, cuja autora se inspira para falar da influência deste educador em sua vida e o quanto sentiu-se conectada com os trabalhadores camponeses de Guiné Bissau, mesmo ela tendo vivido numa comunidade rural do sul dos Estados Unidos.

A pensadora faz uma análise interessante sobre uma pedagogia sem imposição de fronteiras, na qual possa ser pensada uma rede de solidariedade. No capítulo nove, "Estudos Feministas: acadêmicas negras", a autora critica a falta da análise racial nesse campo do conhecimento dos estudos de gênero. Para hooks, a mulher negra tem um papel central para a reformulação e aprofundamento do pensamento feminista por trazer olhares a partir do seu lugar social. Esse incômodo com a invisibilidade das mulheres negras, porém, já havia sido abordado em seu primeiro livro, publicado em 1981 e intitulado *Ain't I a woman: black women and feminism,*[69] título baseado no famoso discurso homônimo de Soujouner Truth.

Além disso, ao abordar o amor como prática de liberdade, hooks alerta para o fato de como mesmo indivíduos anticapitalistas acabam por muitas vezes tratar o outro como objeto de consumo. Ou seja, tem consciência formada a respeito das diversas desigualdades e da raiz que as formam, mas não é o bastante para que sejam abrangentes ou ao menos respeitosas para com as lutas alheias. Chamo a atenção para essa construção intelectual com base no amor e no afeto verdadeiro por abranger o que estamos discutindo sobre empoderamento, principalmente, na rede de soma de subjetividades que constroem um coletivo. Ao passo que as pessoas se tratarem com respeito, reconhecendo o valor da humanidade no outro e distante da ideia do uso ou do descartável, com mais fios construirão a teia de um grupo social empoderado. Por essa razão, hooks questiona quem se solidariza na luta contra a opressão de raça, porém corrobora com a de gênero, como é o caso de lideranças negras masculinas, além das próprias mulheres engajadas na luta pelo feminismo, mas que tem dificuldades em reconhecer o sistema racial vigente.

> [...] Fico intrigada com poderosos líderes negros visionários que podem falar e agir apaixonadamente em resistência a dominação racial e abraçar a dominação sexista de mulheres; com feministas brancas que trabalham diariamente para erradicar o sexismo, mas que tem grandes pontos cegos quando se trata de reconhecer e resistir ao racismo e à dominação por parte da supremacia branca no planeta.[70]

Percebam que hooks usa os verbos *reconhecer* e *resistir*, denotando um agir, colocando-se em contraposição, assim como Freire também o fazia, a casos em que indivíduos apenas se conscientizam sem potencial transformador da ação, da prática. Encontramos em Audre Lorde a mesma percepção de que considerar apenas a conscientização de sujeitos oprimidos não se traduz em ganho imediato para a coletividade, uma vez que diversas frentes precisam ser articuladas para ampliar a visão da real diversidade que somos, enquanto seres humanos, pois

> [...] em algum lugar, à margem da consciência, há o que eu chamo uma norma mítica, que cada um de nós conhece nos nossos corações "Esse não é eu". Na América, esta norma geralmente é definida como branco, magro, masculino, jovem, heterossexual, cristão e financeiramente seguro. Com essa norma mítica que as armadilhas do poder reside nessa sociedade. Aqueles de nós que ficam de fora desse poder geralmente identifica uma maneira pela qual somos diferentes, e acreditamos ser a principal causa de toda opressão, esquecendo-se de outras distorções em torno

> da diferença, algumas das quais nós mesmos podemos estar praticando. Em geral, dentro das movimento de mulheres hoje, mulheres brancas se concentram na opressão que as atinge por serem mulheres e ignoram diferenças de raça, preferência sexual, classe e idade Existe a pretensão de uma homogeneidade de experiência encoberto pela palavra irmandade que não existe de fato.[71]

Obviamente, as experiências práticas têm mostrado o quanto é difícil o desenrolar de um processo de empoderamento de todo um grupo, tendo alguns atores, ainda que conscientizados a respeito da existência da opressão, atuando de forma reducionista e cuidando apenas de erradicar aquilo que o aflige.

Nesse sentido, os estudos e experiências do Feminismo Negro, bem como as lutas empreendidas nesse campo de resistência, tem ressignificado os caminhos que acreditou-se, até então, serem oportunos para o *empoderamento* de grupos minoritários. O entendimento do pensamento de Kimberlé Creenshaw, Audre Lord, Sueli Carneiro e outras, diz que não se pode hierarquizar as opressões, considerando algumas mais urgentes que as outras, mas sim olhar a partir de uma perspectiva interseccional, identificando como elas se interrelacionam e onde elas se somam potencializando seus efeitos sobre um grupo de indivíduos. Nesse aspecto, levando em conta que trata-se de um ponto a se pensar sobre a real conscientização que indivíduos apresentam sobre o sistema como um todo, ainda que não seja conveniente esquecer que há uma tendência de que oprimidos reproduzam comportamentos opressores internalizados. As revolucionárias reflexões de Creenshaw sobre interseccionalidades como especificidade das dinâmicas das opressões, devem ser compreendidas

> [...] Em um artigo anterior, usei o conceito de interseccionalidade para denotar as várias maneiras pelas quais raça e gênero interagem para moldar as múltiplas dimensões das experiências de empregação das mulheres negras. Meu objetivo era ilustrar que muitas das experiências que as mulheres negras enfrentam não são classificadas dentro das fronteiras tradicionais da raça ou discriminação de gênero, uma vez que essas fronteiras são atualmente compreendidas e que a intersecção do racismo e do sexismo afeta as vidas das mulheres negras de maneiras que não podem ser capturadas completamente examinando as dimensões de raça ou gênero dessas experiências separadamente. Aproveito essas observações aqui explorando as várias maneiras pelas quais raça e gênero se cruzam para moldar os aspectos estruturais, políticos e representacionais da violência contra as mulheres não-brancas [...].[72]

O *empoderamento* enquanto prática social necessária, no ápice de seu cooptação e distorção tem sido literalmente vendida sobretudo por aqueles que almejam manter o *status quo* formador de acúmulos e desequilíbrios sociais. Esse fenômeno social cria clãs de micro-opressores que não tem condições psicológicas para conduzir outros indivíduos pelos caminhos processuais de autodescoberta sociopolítica, simplesmente porque nem ao menos buscaram erradicar dentro de si mesmos as internalizações perversas do sistema de opressão a que estão expostos.

Entretanto, se por um lado é fácil, até certo ponto, detectar a cooptação do conceito pelo mercado ávido por vender *empoderamento* como mais uma facilidade esvaziada de sentido, por outro há um alerta vermelho que surge quando estamos diante de falácias sobre o conceito proferidas por lideranças políticas que atuam dentro dos movimentos sociais emancipatórios. Muitos indivíduos que lutam pela quebra dos sistemas de opressão e dominação se julgam aptos a *empoderar* pessoas. No entanto, suas próprias condutas, por vezes totalitárias, por vezes estreitamente vinculadas a reprodução de opressões diversas, direcionadas ao seu meio já oprimido, desmentem qualquer possibilidade de que podem servir como condutores de sujeitos oprimidos na busca pela sua emancipação sociopolítica. bell hooks em seu ensaio *O amor como prática de liberdade* nos dá pistas sinceras de como e quando esses fenômenos acontecem:

> Sem uma ética do amor moldando a direção de nossa visão política e nossas aspirações radicais, muitas vezes somos seduzidas/os, de uma maneira ou de outra, para dentro de sistemas de dominação: imperialismo, sexismo, racismo, classismo. Sempre me intrigou que mulheres e homens que passam uma vida trabalhando para resistir e se opor a uma forma de dominação possam apoiar sistematicamente outras. Fiquei intrigada com poderosos líderes negros visionários que podem falar e agir apaixonadamente em resistência à dominação racial e aceitar e abraçar a dominação sexista das mulheres; com feministas brancas que trabalham diariamente para erradicar o sexismo, mas que têm grandes pontos cegos quando se trata de reconhecer e resistir

> ao racismo e à dominação por parte da supremacia branca do planeta. Examinando criticamente esses pontos cegos, concluo que muitas/os de nós estão motivadas/os a mover-se contra a dominação unicamente quando sentimos nossos interesses próprios diretamente ameaçados. Muitas vezes, então, o anseio não é para uma transformação coletiva de sociedade, para um fim da política de dominações; mas simplesmente para o fim do que sentimos que nos machuca. É por isso que precisamos desesperadamente de uma ética do amor para intervir em nosso desejo autocentrado por mudança.[73]

Infelizmente, em uma sociedade que mantém e propaga valores dúbios e moral condicionada a interesses que não traduzem as necessidades coletivas, não estamos livres de nos depararmos com indivíduos que mantém seus pontos cegos, seja por ignorância ou por conveniência.

Nesse contexto, as intenções iniciais do conceito de *empoderamento* sofrem grande perigo da inversão de valores propostos, de deturpação e uso como mais um instrumento de dominação incorporado a uma espécie de atualização do *modus operandi* do sistema que almejamos desconstruir. Retomando o pensamento de Batliwala sobre essa questão do esvaziamento, encontramos uma reflexão fundamental sobre a necessidade de restituirmos de sentido práticas como o empoderamento no seu sentido de transformação coletiva:

> Hoje, me faço uma pergunta simples: se esta palavra e a ideia representada por ela foram apreendidas e redefinidas por políticas populistas, ideologias fundamentalistas e neoconservadoras,

> administração corporativa, se tiverem sido reduzidas pela microfinança e evangelistas, entre outras formas mais genéricas, despojado de todos os vestígios de poder e política, vale a pena reinvindicá-la?
> Na verdade, sim. E deve ser recuperada porque nossa visão de transformação social continua sendo de importância única, em um mundo onde balas mágicas e soluções mecânicas tentam evadir os processos mais fundamentais da justiça social que estavam no cerne do pensamento feminista desde os primeiros dias. Mas a tarefa de recuperação tem três componentes vitais. Em primeiro lugar, precisamos realmente recuperar as agendas – como o empoderamento – e os espaços para envolver o discurso principal do qual fomos marginalizados: os espaços de outros movimentos sociais como a justiça econômica, o meio ambiente e os direitos humanos, onde o gênero não está mais presente.[74]

Considerando o *empoderamento* sob uma ótica não apenas conceitual, mas também prática e aplicável, é possível pensar em dimensões necessárias que ramificam esse processo e que nos permite ter uma noção fática de que caminhos são válidos e, principalmente, quais os perigos e até mesmo os momentos onde podem haver fissuras que facilitem o escoamento do sentido e da necessidade real do processo como instrumento emancipatório dentro de um sistema de dominação e opressão. O processo de entendimento e desenvolvimento de cada uma dessas dimensões vai culminar no *empoderamento* de sujeitos em simbiose com o *empoderamento* da coletividade. E esse processo além de necessário é indissociável das lutas por emancipação sociopolítica.

Quando Patrícia Hill Collins identifica que há uma tecnologia de articulação de opressões estruturais de raça e gênero a autora nos dá pistas claras da necessidade de sermos pragmáticos no entendimento e aplicabilidade do conceito de *empoderamento* em nosso meio social. Essa identificação e aplicabilidade devem transpassar áreas também estruturais da formação de subjetividades ou na reconstrução destas. Ou seja, todas as possibilidades devem ser trabalhadas e quando necessário, ressignificadas e/ou reconstruídas. Como exemplo, podemos pensar no sentido de autoestima, de ascensão econômica, acesso à cultura e informação, formação de lideranças, entre outras práticas. Assim, percebemos com as autoras citadas, que empoderamento já era utilizado como importante estratégia de sobrevivência e resistência de mulheres negras, e após sua teorização, as mulheres negras, marcadamente as feministas negras pensam de uma maneira mais abrangente ao ter a interseccionalidade como ferramenta essencial de estratégia e de luta política.

ESTÉTICA E AFETIVIDADE: NOÇÕES DE *EMPODERAMENTO*

[...] contornos irrecuperáveis que minhas mãos tentam alcançar.

Beatriz Nascimento, no documentário *Ori*

Discussões apaixonadas se formam em torno da pergunta: estética é *empoderamento*? Mas, talvez essas discussões poderiam ser reduzidas se entendêssemos os valores que circulam em torno da estética que é inerente a imagem e o quanto a forma com que padrões formados no cerne de uma sociedade plurirracial e patriarcal podem ser fatalmente excludentes e desestimulantes da autoestima de grupos historicamente oprimidos.

Estética, uma palavra originária do grego *aisthesis* significa, genericamente, percepção ou sensação. É a parte da Filosofia que estuda o que julgamos e percebemos daquilo que é considerado belo, as emoções que essa percepção produz e a definição que se pode fazer entre o que é de fato belo ou não. Portanto, o belo é uma percepção e como percepção pode ser alterada, manipulada ou influenciada. E isso tem acontecido ao longo da história. Os conceitos estéticos acerca do belo têm mudado de acordo com os valores e intenções da época. Houve um tempo em que belo era o corpo adiposo, de formas voluptuosas, curvilíneos, fartos. Nos anos 80, experimentamos os meios de comunicação aliados a moda que pautava a magreza esquelética como ideal a ser seguido. Afora todo o pensamento desenvolvido por diversos filósofos e pensadores em geral no estudo da estética e de seus significados, há uma confluência a partir de uma consideração.

Temos então, nesse campo, um elemento importante nos processos de dominação de grupos historicamente oprimidos, pois uma vez que se cria padrões estéticos pautados pela hierarquização das raças ou do gênero, concomitantemente criamos dois grupos: o que é aceito e o que não é aceito e, portanto, deve ser excluído para garantir a prevalência do que é socialmente desejado. E, assim se deu com o fenótipo da raça negra, desde o período colonial, que de acordo com Grada Kilomba é "a máscara não pode ser esquecida. Ela foi uma peça muito concreta, um instrumento real que se tornou parte do projeto colonial europeu por mais de 300 anos".[75]

A nossa visão de nós mesmos começa a ser distorcida e influenciada de forma extremamente negativa e agressiva por obra do colonizador. Ele precisaria incutir em nossas mentes a perspectiva que o favorecia e que era a de inferioridade e desumanização, pois

> [...] agora, em face da resistência dos colonizados, a violência assumirá novos contornos, mais sofisticados; chegando, às vezes, a não parecer violência, mas verdadeira "superioridade".[76]

Seguimos a partir daí e ao longo da história, em um mergulho profundo e quase irreversível em um estado de alienação a respeito de nós mesmo e de nossa autoimagem. As consequências desse mergulho foram sendo passadas de geração para geração, até chegarmos aqui, nesse momento histórico onde pessoas negras que estudam e refletem para atuar na esfera da formação de saberes começa a confrontar com as distorções em todos os níveis em que foram largamente alimentadas. Porém, não às custas de um mergulho profundo em si mesmas, mas na busca interior por suas raízes culturais, emocionais, artísticas, afetivas, etc. Um resgate, é exatamente essa a palavra. Um resgate lento e gradual daquilo que fomos e que podemos retomar para continuar sendo.

Parece-me inquestionável que sem o fortalecimento da autoestima não tenhamos força para iniciar sequer um processo lúcido de *empoderamento*. E autoestima, ao contrário do que prega a banalização conceitual do termo, não está ligado exatamente as considerações que fazemos acerca de nossas belezas estéticas. Como afirma Leon

> O empoderamento como autoconfiança e auto-estima deve integrar-se em um sentido de processo com a comunidade, a cooperação e a solidariedade. Ao ter em conta o processo histórico

> que cria a carência de poder, torna-se evidente a necessidade de alterar as estruturas sociais vigentes; quer dizer, se reconhece o imperativo da mudança.[77]

Uma mulher negra pode alisar seus cabelos na busca consciente ou inconsciente pela estética europeia/caucasiana que foi cunhada pelo colonizador como aceitável, agradável, desejável. Embora essa deturpação de suas características fenotípicas possa lhe trazer uma sensação de bem-estar ao se vislumbrar diante de um espelho, saber que esse cabelo não é seu e, portanto, exigirá um conjunto de cuidados para se manter, incluindo táticas para que os outros esqueçam esse detalhe, o incômodo e a insatisfação inevitavelmente circula pelo seu interior e acaba por alimentar frente as dificuldades de manter a aparência colonizada, as rejeições do sistema racista que sempre a vitimaram. Ao se deparar com uma mulher branca de cabelos naturalmente lisos, se jogando ao mar sem nenhuma amarra, a frustração irá alimentar o auto ódio implantado e desenvolvido ao longo da história, mesmo que de forma involuntária.

Nesse momento, olhando mais de perto, temos as intersecções de opressão machista e racista pautando a existência de mulheres negras pois, ao homem negro, algumas cobranças estéticas para aproximação da imagem do homem caucasiano são facultativas. Os cabelos são um importante elemento estético de autoafirmação e de cultivação do amor a própria imagem, mas sobretudo para mulheres, sejam elas de qualquer etnia. E esse estigma recai sobre os ombros de mulheres negras desde a mais tenra infância, pois nossos cabelos são alvo constante de diversas injúrias, rejeições e manifestações racistas, esteja ele alisado ou natural. Assim como a canção composta em 1940 pelo jornalista brasileiro David Nasser em parceria de Rubens Soares, interpretadas por diversos nomes da MPB, que diz: "Nega do cabelo duro/ Qual é o pente que te penteia? / Qual é o pente que te penteia?".

Torna-se desde muito cedo, nossos cabelos, um fardo difícil que ao longo do nosso crescimento e desenvolvimento físico, vai pesando cada vez mais e abala a percepção da nossa identidade, pois independente de nossas escolhas estéticas e dos cuidados que temos com eles, os preconceitos raciais, estereótipos e clichês que foram implantados com a finalidade de ridicularizar esse atributo, permanecem solidificados no senso comum da opinião pública e necessita de um árduo trabalho de ressignificação para libertar mulheres negras dessas estratégias de desqualificação da estética negra. Parece-me então, muito coerente os discursos e narrativas de enfrentamento do racismo vigente que exaltam os cabelos como elemento de orgulho racial, pois amá-lo significa cuspir de volta para a boca do sistema racista todas as ofensas, rejeições, exclusões que nos são direcionadas ao longo de toda uma vida.

Mas os cabelos são apenas um primeiro elemento e de grande importância que responde sozinho, sobretudo nas mulheres negras, pelo orgulho necessário para adentrar no âmbito dos processos de *empoderamento*. Há também a aceitação dos sinais fenotípicos do rosto e do corpo, além da cor da pele. Nossos rostos, que trazem as informações reais de nossas origens africanas, também são alvo constante de escárnio e depreciação. Nariz e boca são campeões nisso. Humoristas e comediantes, com seus trabalhos marcadamente racistas e desumanizadores sempre usaram esses destaques de nossos rostos como elemento de suas piadas, exagerando e caricaturando de maneira extremamente violenta. O intolerável *Blackface*, técnica teatral usada no começo do século XX que consistia em fantasiar pessoas brancas de negras de forma grotesca, é um exemplo clássico de como os veículos de comunicação e as artes em geral tiveram – e ainda tem – papel importante no flagelo de nossa autoestima e autoaceitação.

Imaginemos uma criança em plena década de 60 que, por uma sorte – ou azar –, já tinha contato com uma televisão excludente que trabalhava incansavelmente para a elevação do padrão branco como o único a deter beleza, elegância, etc. E ao mesmo tempo, tendo contato com as propagandas e programas que caricaturavam a imagem de sujeitos negros, aguçando a repulsa racista já devidamente plantada no imaginário social. O efeito óbvio na criança negra seria de repulsa de si mesma e da criança branca de superioridade de sua condição e rejeição a condição da criança negra. E isso ainda perdura nos dias de hoje, fazendo com que os negros e negras que apontam esses crimes premeditados e intencionais sejam destratados e confinados na figura de rebeldes, vitimistas ou o que seja equivalente e oposto ao real impulso de autodefesa de sua dignidade e dos seus.

Contudo, nesse campo da estética, pessoas negras sempre resistiram criando movimentos sucessivos de reafirmação da beleza negra e valorização de nossas imagens afro-brasileiras. Devemos sim chamar esses movimentos de resistência, pois o são ao disputar em um campo tomado pelo poder branco dominante que detém os mecanismos necessários para articular e influenciar multidões de cidadã e cidadãos: os meios de comunicação.

Durante décadas, desde que a televisão foi criada e se tornou veículo autêntico de comunicação de massas, por volta de 1964, diariamente pessoas negras são bombardeadas com a informação de inadequação e/ou de inexistência. Aquele aparelho que adentrava com frequência gradativa os lares brasileiros constituídos por indivíduos que não questionaram e, portanto, não eliminaram a mentalidade colonial antinegros, viabilizava a consolidação pacífica e cordial desse ideário de hierarquização racial. Nos programas, novelas, filmes, propagandas, etc., a imagem da pessoa negra oscilava entre a escassez premeditada e aceita pela branquitude que sempre quis se assemelhar a cidadãos do continente europeu, negando ao máximo suas raízes afro-ameríndias e o vilipêndio descarado de nossas identidades, cimentando no imaginário de toda uma sociedade, uma forja de uma existência casual ou causal, a exemplo das novelas globais que dialogavam e reproduziam os costumes e a mentalidade da segunda metade do século XX e que nunca levaram ao ar uma história negra completa, com família, afetos, trabalho, desejos e anseios, tão comuns como de qualquer pessoa branca retratada nesse mesmo veículo. Os símbolos de beleza, exaltados e protagonistas de diversas histórias sempre foram brancos.

Até mesmo quando se adaptava a literatura que trazia explicitamente a presença de personagens e histórias negras e que viviam em territórios negros, como é o caso dos livros de Jorge Amado, esses personagens eram embranquecidos e reforçavam os ideais de mestiçagem nacional que em verdade, nada mais era do que a cultura do branqueamento como forma de recuperação da dignidade do povo brasileiro "manchada" pela negritude africana que aqui foi depositada. E é contra esse discurso que abre a possibilidade da aplicação da autodefinição que pode mudar de maneira decisiva a autoimagem de toda a população negra. Patrícia Hill Collins reflete que

> A insistência quanto à autodefinição das mulheres negras remodela o diálogo inteiro. Saímos de um diálogo que tenta determinar a precisão técnica de uma imagem para outra que ressalta a dinâmica do poder que fundamenta o próprio processo de definição

> em si. Feministas negras têm questionado não apenas o que tem sido dito sobre mulheres negras, mas também a credibilidade e as intenções daqueles que detêm o poder de definir. Quando mulheres negras definem a si próprias, claramente rejeitam a suposição irrefletida de que aqueles que estão em posições de se arrogarem a autoridade de descreverem e analisarem a realidade têm o direito de estarem nessas posições. Independentemente do conteúdo de fato das autodefinições de mulheres negras, o ato de insistir na autodefinição dessas mulheres valida o poder de mulheres negras enquanto sujeitos humanos. [78]

Muitas são as críticas sobre os limites e incongruências do potencial da estética no processo de *empoderamento*. Todas pecam sobremaneira quando subestimam a potência que gera a confiança na própria imagem. Não é possível passar por um processo de *empoderamento* produtivo se não nos fortalecermos e nos encontrarmos dentro da nossa própria pele. Sem um trabalho contínuo para erradicar do lugar naturalizado na sociedade a crença de que pessoas negras são inadequadas, desprovida de harmonia e beleza física, fica extremamente difícil para esses sujeitos atingidos diretamente por essa ideologia do padrão branco como única forma aceitável, criar mecanismo interiores de autoamor e autovalorização. Principalmente quando consideramos que nas culturas ocidentais, o belo/bonito é sinônimo de superioridade, ou seja, ultrapassa o campo da estética, uma vez que o senso comum aponta que tudo que é bonito só pode ser bom. Exemplo disso, são os contos de fadas ainda difundidos e propagados, ainda que atualmente exista uma tendência se firmando baseado na diversidade, mas que continua com o viés principal de demarcar o espaço dos vilãs, vilões, heroínas e heróis através da beleza.

Malcolm X em um de seus emocionantes discursos para as massas que lutavam contra a as violências do racismo na América do Norte pergunta: "Quem te ensinou a odiar seu cabelo, seu nariz, a cor da sua pele?".[79] Ele está perguntando, de forma mais específica, quem te ensinou a odiar sua imagem ou aparência. Ou mais especificamente, quem acabou com sua possibilidade de amar a si mesmo através daquilo que pode ser visto.

É fundamental para o processo de luta no campo da estética que fique evidente que toda essa construção negativa da imagem da pessoa negra não teve outra motivação senão sociopolítica. A inferiorização da aparência e da estética negra em detrimento da branca, foi tão somente uma das tecnologias empregadas para sustentar e justificar o sistema de opressão e exploração de sujeitos para acúmulo de privilégios sociais e, exatamente por isso fica evidente a necessidade de quebrar esse esquema que perdura com eficácia secular, que

Durante séculos de escravidão, a perversidade do regime escravista materializou-se na forma como o corpo negro era visto e tratado. A diferença impressa nesse mesmo corpo pela cor da pele e pelos demais sinais diacríticos serviu como mais um argumento para justificar a colonização e encobrir intencionalidades econômicas e políticas. Foi a comparação dos sinais do corpo negro (como o nariz, a boca, a cor da pele e o tipo de cabelo)

> com os do branco europeu e colonizador que, naquele contexto, serviu de argumento para a formulação de um padrão de beleza e de fealdade que nos persegue até os dias atuais. [80]

No poema *Eu também sou América*, de autoria de Langston Hughes, intelectual que foi um dos expoentes de um dos movimentos afirmativos mais expressivos dos afroamericanos que ficou conhecido como Renascimento do Harlem (1920-1940), que surge em prol da liberdade de expressão, insinua última estrofe de seu poema que "eles verão como sou bonito", e está falando, entre outras coisas, da quebra dos estereótipos e clichês racistas que apontam na imagem da pessoa negra uma inferioridade ou fealdade como descreve

> Eu sou irmão negro
> Eles me mandam comer na cozinha
> Quando chegam as visitas
> Mas eu rio,
> E como bem,
> E cresço forte.
>
> Amanhã
> Eu estarei na mesa
> Quando as visitas vierem
> Ninguém ousará dizer-me
> "Vá comer na cozinha".
>
> Então.
> Além disso
> Eles verão como eu sou bonito
> E terão vergonha.
> Eu também sou América.[81]

Frente a esses diversos e intermináveis apontamentos, que poderiam se estender e se desdobrar em inúmeros outros, concluímos que não podemos confundir ou esvaziar o sentido político do fortalecimento da estética nos processos de *empoderamento individual* que afeta o *coletivo*. Bem como não podemos subestimar seu potencial político de apoio a reconstrução da imagem de sujeitos negros de qualquer idade e em qualquer tempo.

Esvaziar conceitualmente o *empoderamento* pelo argumento falacioso da busca simplista pela estética perfeita seria reduzi-lo a uma simples exaltação caricata e fragilizada de uma beleza dissociada das raízes negras, da ancestralidade africana que carregamos e da herança que isso representa, iniciando a partir desse entendimento, um movimento de valorização real e afetiva de cada elemento do nosso fenótipo que é ridicularizado e desvalorizado pelos sistemas de dominação que se servem largamente da alienação de nossas características positivas e da distorção de nossa autoimagem. Isso é resultado de um fortalecimento gradual de nossa admiração por nós mesmos e não estará dissociado de uma carga mínima que seja de informação histórica. Esse fortalecimento também será pautado pela representatividade, pois à medida que nos vemos de maneira positiva nos espaços mais diversos é que podemos reconhecer e assimilar a possibilidade de nossa própria imagem como positiva também. Muitas são as formas de se trabalhar esses movimentos que são inerentes e se intercalam em intensidade, e o principal deles é o imagético. Precisamos nos ver de forma positiva, literalmente, pois essas imagens vão ressignificar o imaginário que será abalado e simultaneamente reconstruído.

O cinema, o teatro, a televisão, a moda, a música, a dança e todas as expressões artísticas serão ferramentas importantes para que isso seja colocado em prática e justamente por isso que é um dos campos mais perversos de lidar com o racismo atuante. Nesses lugares de trabalho imagético somos sistematicamente excluídos, dando a ideia de que não existimos enquanto seres artísticos e, portanto, portadores de estética desejável ou ainda, somos colocados em número desproporcional em relação aos brancos e em lugares de pouca visibilidade. Há também a representação negativa e/ou fortalecedora dos estereótipos já consolidados como do homem negro perigoso, a mãe preta, a mulata fogosa, entre outros.

É fato que o Feminismo Negro ou o Movimento de Mulheres Negras dentro dos feminismos, foi responsável pelo resgate conceitual e ressignificação do *empoderamento*. Tendo como fator limítrofe, a permanência na base da pirâmide social, esse resgate mostra-se fundamental para nossa movimentação na luta pela quebra da formação hegemônica dessa pirâmide. Podemos chamar de resgate porque não é novidade para os movimentos de mulheres negras, a necessidade de busca por processo de *empoderamento* como condição de sobrevivência. Ainda que as teorias tenham nascido das mãos de homens brancos, foram as práticas interseccionais que cunharam de forma irreversível, esse conceito no *roll* de ações e estratégias de luta de todos os movimentos por emancipação e libertação sociopolítica.

Muito antes de nos sabermos feministas e nos posicionarmos nessa trincheira de luta por ajustes sociais, que não é a única já praticávamos intuitivamente o conceito de *empoderamento*, aplicando em nossas vidas e na vida estratégias de fortalecimento da autoestima e de reconhecimento de nossos potenciais.

Davis em *Mulheres, cultura e política* dedica um capítulo inteiro em uma análise/homenagem à força descomunal e a perseverança admirável de Winnie Mandela. Ela mesma, também é um exemplo de *empoderamento* construído e aplicado em momentos críticos de sua história. O fato é que ao conseguirmos erradicar em nós, a estratégia racista de despersonalização e alienação da imagem negra, nos fortalecemos e podemos caminhar gradativamente rumo a aceitação da autoimagem e posterior admiração por ela. Como podemos reagir às agressões do mundo exterior se, ao nos depararmos com nosso reflexo no espelho, o único sentimento é de inadequação e repulsa pela aparência que caracteriza nossa identidade? O que nos motivaria a lutar por emancipação e equidade racial e de gênero se, carregamos um sentimento constante de distorção e não pertencimento pautado pela estética que aponta ausência de beleza e, portanto, de qualidades humanas louváveis? Nos versos de *Negro Drama* do grupo Racionais Mc's os compositores escrevem que "se ser preto é assim ir à escola pra quê? / Se meu instinto é ruim e eu não consigo aprender".[82]

O fortalecimento visível de sujeitos brancos, bem como suas manifestações de liberdade e aceitação em toda e qualquer situação, por mais tímido ou retraído que possam ser, nos indica que é impossível o pleno desenvolvimento e o gozo da cidadania plena sem admiração por si mesmo, pela sua imagem, sua cultura e sua história. Pessoas negras, em especial, mulheres negras, assimilaram isso e trabalharam esse aspecto, conscientemente ou não. E o instinto de sobrevivência foi facilitador para adentrarmos esse campo e propagarmos técnicas e modos de articulações positiva, capazes de aquecer, aproximar e trocar diversas experiências fortalecedoras, inclusive entre gerações diferentes. Não fosse essa experiência quase que espiritual de ressignificação de nossa autoimagem, ainda que timidamente, nossas ancestrais de luta teriam sucumbido às diversas violências das práticas de desestruturação humana, empregadas pelo racismo. Mulheres negras, em toda a diáspora, sentindo-se vitimadas pelas técnicas de atuação do racismo intercalado a lógica patriarcal solidificada e naturalizada, saíram e saem ainda hoje, em busca de modos de sobrevivência, de fortalecimento mútuo e instrumentalização prática das lutas diárias, seja no âmbito familiar, profissional ou afetivo.

Infelizmente, no Brasil, muitas das nossas informações históricas foram covardemente apagadas dos compêndios e o pouco que sobrou foi deturpado, deixando apenas o que era conveniente para os sistemas de dominação alienadores. Mas, quando observamos nossas correspondentes – ou nossas irmãs de cor, como algumas gostam de chamar –, constatamos facilmente que mulheres negras nunca estiveram de braços cruzados. Tomando isto como análise, a postura de homens intelectuais negros, em especial aqueles que se destacaram na vida pública ou artística a partir da década de 60, onde a autoafirmação da estética negra não suplantava algumas demonstrações claras de auto-ódio expresso pela rejeição de mulheres negras, tanto para convívio social quanto para relações afetivas, não podemos nos dar ao luxo de desprezar os limites do fortalecimento da individualidade negra através da estética e da aceitação da beleza do fenótipo e genética negra.

Nem todas as pessoas negras que usam turbantes, *dread locks*, tranças, cabelo natural, ou qualquer outro elemento estético que demarca o seu pertencimento à negritude estão conscientes das barreiras políticas que essa aparência impõe e do quanto ainda terão de trabalhar internamente e externamente para amadurecer as práticas – intelectuais e psicológicas – que levam ao *empoderamento*, que será expresso por um verdadeiro amor a si mesmo, a sua aparência real de pessoa negra e aos traços de ancestralidade que carregamos na raiz da nossa formação como indivíduo.

Em outras palavras, o limite do fortalecimento da subjetividade de pessoas negras pela estética é a linha divisória que o coloca de fato em permanente autonomia frente a rejeição, ridicularização e todos os desestímulos que o posicionamento racista da branquitude é capaz de usar como arma de enfraquecimento e alienação para manter o sistema de dominação e opressão histórica de toda a população negra. É sem sombra de dúvida um trabalho tão árduo quanto necessário, pois o primeiro contato que temos com nós mesmo se dá pela aparência e esse é um dos campos de ataque racista mais comumente usadas pela branquitude em seus movimentos quase silenciosos que visam concretizar sua falsa posição de superioridade social.

Somos bonitos ou somos feios – guardadas as devidas adequações ao conceito real de belo, que é pautado pela proporção, estilo e harmonia das formas e desenhos da figura humana – tanto quanto qualquer figura humana pode ser. E a adequação ou não aos parâmetros estabelecidos pelo conceito filosófico de belo/beleza/estética, não molda caráter e nem anula outras qualidades humanas, não cria juízo de valor humano algum como fazem supor os perversos contos de fadas escritos para doutrinar o imaginário infantil com as ignorâncias já cultivadas e perpetuadas por adultos. É fundamental que enxerguemos a estética como um dos pilares do processo de *empoderamento*. Veja bem, um dos pilares, não mais nem menos importante que os outros que serão expostos mais adiante.

Uma boa relação com nossa autoimagem é uma ferramenta importante de reconhecimento de valores ancestrais ou de reafirmação de necessidade de aprofundamento na busca pelo autoconhecimento de nossa história e entendimento de nossa condição social de indivíduo negro. Mas de maneira alguma devemos concluir que apenas isso basta, ou ainda que, toda pessoa que consegue transgredir esteticamente está *empoderada* ou absorvida pelo significado político que a estética ancestral africana tem.

Indivíduos negros que são erroneamente avaliados como *empoderados*, tendo como critério apenas a autoafirmação da estética negra, podem trazer a banalização das lutas antirracismo, pois reproduzirão e expressarão equívocos racistas que lhe foram ensinados e internalizados por toda uma vida, tornando-se caricatura nas mãos da branquitude atenta a essas fragilidades da questão racial.

No caso de mulheres negras, em especial feministas negras, podemos considerar com certo comedimento e generosidade um passo importante que é a autoafirmação expressa pelo uso dos cabelos naturais ou com penteados que remetem a africanidade, pelo uso pontual de exageros ou extravagâncias estéticas de toda ordem, pela relação ressignificada com seu próprio fenótipo ou traços negroides expressa por exibição insistente que deixa fático a valorização da beleza que foi categoricamente rejeitada e deturpada pelas práticas racistas.

Lélia González em seu brilhante artigo em que discorre sobre o conceito de *amefricanidade* alerta para as diferenças na expressão do racismo que ocorrem em território europeu e latino-americano, pontuando que na América Latina a expressão do racismo é disfarçada, sorrateira o bastante para persuadir pessoas negras de que não estão diante de um sistema de dominação racista. E salienta que o branqueamento como ideologia e prática, exaustivamente veiculado pelos meios de comunicação, cravaram no imaginário social, a superioridade da raça branca.

Esse mito tem trabalhado para a negação da identidade negra minando a confiança na imagem através da propagação de uma estética padronizada e excludente, hipervalorizada e definida como única forma de ser perfeito;

> O racismo latino-americano é suficientemente sofisticado para manter os negros e índios na condição de segmentos subordinados no interior das classes mais exploradas, graças a sua forma ideológica mais eficaz: a ideologia do branqueamento. Veiculada pelos meios de comunicação de massa e pelos aparelhos ideológicos tradicionais, ela reproduz e perpetua a crença de que as classificações e os valores do Ocidente branco são os únicos e verdadeiros universais. Uma vez estabelecido, o mito da superioridade branca demonstra sua eficácia pelos efeitos de estilhaçamento, de fragmentação da identidade racial que produz: o desejo de embranquecer (de 'limpar o sangue' como se diz no Brasil) é internalizado, com a simultânea negação da própria raça, da própria cultura.[83]

Conhecendo a trajetória dos veículos de comunicação de massa e também dos tradicionais e considerando o racismo como ideologia e prática estrutural, estruturante e institucional, concluímos facilmente que a forma massivamente usada para alienação e o estilhaçamento de que fala Gonzalez não poderia ser outro senão o trabalho imagético de perpetuação da ideia de inferioridade da pessoa negra, se valendo da hipervalorização da estética branca como ideal de perfeição. Considerando também que, a importância narcísica que toda a sociedade confere a beleza estética atribuindo maior valor humano aos que possuem o perfeito encaixe nos padrões estabelecidos, temos um dos quadros mais perversos de alienação e aliciamento político de indivíduos que, aliados a outros fatores contribuiu sobremaneira para a fragilidade que ainda ecoa no íntimo de grande maioria de indivíduos negros, inclusive daqueles que aparentemente brecaram a atuação dessa tecnologia racista dentro de si, uma vez que sujeitos negros quando não manifestam rejeição a si mesmo o fazem de maneira externa e, quase inconsciente, rejeitando tudo aquilo que ele julga ter eliminado nele. Essa é uma das raízes da famigerada discussão sobre o preterimento e celibato definitivo de mulheres negras que sofrem a dura rejeição de homens negros que preferem mulheres brancas, na ânsia de ter a brancura que tanto almejam como bem exemplifica Frantz Fanon em *Peles negras, máscaras brancas*:

> Da parte mais negra de minha alma, através da zona de meias-tintas,
> me vem este desejo repentino de ser branco.
> Não quero ser reconhecido como negro, e sim como branco.
> Ora — e nisto há um reconhecimento que Hegel não descreveu — quem pode proporcioná-lo, senão a branca? Amando-me ela me prova
> que sou digno de um amor branco. Sou amado como um branco.
> Sou um branco.
> Seu amor abre-me o ilustre corredor que conduz à plenitude...
> Esposo a cultura branca, a beleza branca, a brancura branca.
> Nestes seios brancos que minhas mãos onipresentes acariciam, é da
> civilização branca, da dignidade branca que me aproprio.[84]

Obviamente, a manifestação desse desejo repentino de ser branco se dá pelo aprisionamento elencado pela rejeição de si mesmo e de sua aparência negra em detrimento da brancura branca que lhe parece ser única portadora de dignidade. Notem que o desejo repentino de ser branco, vem da parte mais negra da alma desse homem negro. Seria a parte mais negra de sua alma a que comporta toda a alienação psicológica que o induz a odiar a si mesmo e tudo que possa lembrar a sua ancestralidade negra, ou seja, é onde ele se vê tal qual ele é, um homem negro, e exatamente por isso, é dali que brota o desejo de ser branco alimentado pela percepção exata de si mesmo e da rejeição automática que se dá frente essa percepção.

Devemos também considerar, independentemente do nível de consciência racial que o indivíduo negro apresenta, a reafirmação de sua estética ancestral africana, que é invariavelmente um incentivo ou uma fonte de inspiração poderosa capaz de fazer o chamado simbólico para todas as pessoas negras para a beleza real que as características estéticas da negritude tem, dispondo inconscientemente da mesma prática usada pelos meios de comunicação de massa para inserir no senso comum dos espectadores que apenas a aparência branca é admirável, aceitável e desejável.

A afirmação da estética negra é sim um combate difícil a todas as estratégias de negação e alienação de mentalidades negras acerca da validação de sua aparência. Podemos seguramente afirmar que, em 2017, esse movimento vem sendo realizado com mais responsabilidade das lutas do Feminismo Negro, que vem abrindo espaço nas mídias hegemônicas que usam através da massificação do ideal de superioridade branca pela imagem, no mercado da cosmetologia e estética, na moda, etc., uma vez que muitas mulheres se inspiram na aparência de muitas feministas negras – ou mesmo aquelas que não tem nenhum vínculo ideológico com o Feminismo Negro – que avançaram dentro do que o cerco racista permitiu, tensionando um sistema petrificado que excluía e/ou colocava a beleza da mulher negra como exótica, como casual ou esporádico.

As indústrias de cosméticos e artigos de cuidados estéticos em geral se depararam nos últimos anos com consumidoras cada vez mais exigentes, que não aceitam mais gastar seus recursos financeiros com criações que não foram pensadas para atender suas necessidades. Essas consumidoras, em grande número começaram a produzir ou consumir produtor de fora – na medida do possível – ou simplesmente entupir os SAC das empresas com reclamações reafirmando a exigência de cuidados direcionados exclusivamente para essas mulheres de características diferentes das caucasianas. Porém, o debate sobre capitalismo nesse viés se torna essencial: as empresas deixaram de investir tanto em produtos de alisamento, para investir nos de cachos, ou seja, o capital ainda segue nas mãos de quem detém o poder, ainda que tenhamos algumas iniciativas e pequenos empreendimentos de pessoas negras.

Estamos longe do ideal, mas é inegável que avançamos nesse sentido. Linhas inteiras de produtos formulados para cabelos crespos, maquiagens para todos os tons de pele negra, cremes e filtros solares específicos, etc. O trabalho expressivo de *youtubers* e *digital influencers* negras também fazem importante frente de luta pela valorização da estética negra, uma vez que mesmo longe do discurso feminista ou racial, dialogam com a própria imagem dizendo e reafirmando que sim, pessoas negras, sobretudo mulheres negras, são naturalmente bonitas.

Elas se autodefinem e ressignificam a si mesmas, servindo de exemplo positivo a ser seguido por outras que se enxergam semelhantes a elas. Exercem a eficiência da representatividade, ainda que a grande maioria esteja apartada das dimensões existentes nos processos de empoderamento. É preciso permitir que um dos alertas acerca da discussão do feminismo tenha total responsabilidade e esteja em evidencia, pois é o questionamento da necessidade imposta para mulheres de serem bonitas.

Essa imposição da beleza, ao longo da história, deixou uma larga brecha para a livre incursão dos mais variados estereótipos que aplicados na sociedade, além de corroborar com o esquema de hierarquização de mulheres, bem como com a estimulada rivalidade feminina - no âmbito das práticas de dominação e opressão por gênero. Mas não só isso, para a mulher negra, tais discussões se mostram fundamentais pois, em toda sociedade racista, somos excluídas do conjunto de apontamentos que estabelecem quem é portador da beleza real.

Essa construção perversa do conceito de beleza é um exemplo oportuno para aprofundamento das reflexões, já que deixa muito visível a intersecção entre as opressões machistas e racistas e o quanto é ilusório para mulheres brancas a insistência em manter silenciosamente o lugar da beleza construído pela opressão de raça e gênero. Ainda que para a mulher branca pareça conveniente ocupar esse lugar, é absolutamente importante o entendimento de que não é conveniente mantê-lo e muito menos sentir-se confortável dentro dele, já que ele também é aprisionador.

Nem todas as mulheres brancas vão atender os padrões que compõem esse lugar, ou seja, o seu caráter excludente é permanente, e ainda fortalece o alto valor aparente que esse lugar prenuncia, que não é humano nem respeitado como deveria. Em outras palavras, mesmo as mulheres brancas que são consideradas bonitas se deparam com diversas práticas machistas direcionadas a elas a partir da construção desumana desse lugar que não é capaz de agregar ou valorizar outras qualidades, senão as que objetificam e aprisionam pela busca incessante em manter-se nele e/ou pela rejeição da própria imagem quando não se encaixam dentro dos padrões e requisitos que esse lugar exige.

Simone de Beauvoir em *O segundo sexo*, já alertava sobre o conceito de beleza como estratégia de controle masculino, uma vez que são eles que detém o lugar privilegiado de poder e decisão, que pauta o que é belo, bonito e desejável em uma mulher. Notem que o mesmo critério não se aplica a condição masculina, como bem exemplifica a questão dos pelos.

É execrável para a mulher que mantenha os pelos do corpo e até os ostente. Não obstante, isso é considerado no mínimo desleixo. O mesmo não se aplica a homens que, não só os mantém como também ostenta como símbolo de masculinidade. Beauvoir discorre sobre como nós mulheres estamos sempre à volta com a busca incessante para permanecer dentro de padrões que não criamos, e que são de longe impossíveis de serem alcançados por todas, ainda reflete que

> O ideal da beleza feminina é variável; mas certas exigências permanecem constantes. Entre outras, exige-se que seu corpo ofereça as qualidades inertes e passivas de um objeto, porquanto a mulher se destina a ser possuída. A beleza viril é a adaptação do corpo a funções ativas, é a força, a agilidade, a flexibilidade, a manifestação de uma transcendência a animar uma carne que não deve nunca recair sobre si própria. O ideal feminino só é simétrico em sociedades como as de Esparta, da Itália fascista, da Alemanha nazista que destinavam a mulher ao Estado e não ao indivíduo, que a consideravam exclusivamente como mãe e não atentavam em absoluto para o erotismo. Mas, quando a mulher é entregue ao homem como um bem, o que ele reclama é que nela a carne esteja presente em sua pura facticidade. Seu corpo não é tomado como a irradiação de uma subjetividade, mas sim como uma coisa empastelada em sua imanência; esse corpo não deve lembrar o resto do mundo, não deve ser promessa de outra coisa senão de si mesmo: precisa deter o desejo.[85]

Refletimos anteriormente sobre o fortalecimento necessário que pode vir através da estética e da sustentação ao processo de *empoderamento*. No entanto, é prudente reforçar que, sem o entendimento político do que a estética representa enquanto instrumento de contranarrativa importante, ela se esvazia e perde a força de motivar e movimentar todo um grupo. Olhar-se no espelho e se achar bela/bonita não implica necessariamente em uma aceitação pautada pelo autoamor. Se não percebemos que devemos entender a beleza e amá-la porque houve movimentações políticas que induziram o pensamento contrário a isso, não avançaremos no processo de *empoderamento*.

Quando falo em reconhecer-se belo/bonito quero dizer também no reconhecimento dessa beleza em nossos pares sociais. Em uma sociedade que estimula o culto a autoimagem, encontramos pessoas negras que se consideram belas, mas não reconhecem beleza em seu semelhante negro. Ou seja, aquilo que essa pessoa cultua nela está muito mais relacionado ao narcisismo ensinado em nossa sociedade do que na compreensão política de que amar a negritude projetada na estética do outro representa. Isso é especialmente comum em homens negros e se confirma quando pensamos seriamente no preterimento afetivo de mulheres negras. Muitos homens negros que se pensam *empoderados* e que tem até um trabalho de militância ativa ostentam sua imagem e aparentemente tem orgulho dela, realçando inclusive aquilo que não deveria: estereótipos. Mas todo esse aparente *autoamor* é colocado em xeque quando este se depara com a projeção de sua negritude na estética de mulheres negras. A repulsa indisfarçável, aliada ao culto da beleza padronizada pela branquitude, indica que não há um entendimento político da importância de sua estética. Ao contrário, ela indica um recuo perigoso que torna suas ações que visam a emancipação da coletividade enfraquecidas e confusas.

A rejeição exacerbada e desqualificadora da beleza padronizada pela branquitude também nos confunde, no sentido de fazer parecer uma valorização dos elementos da estética negra. Não é atitude que exala certeza política e/ou segurança sobre o valor estético de si mesmo, desqualificar sujeitos brancos e suas feições. Se entendemos que não há um padrão projetado nas características físicas e estéticas de pessoas brancas e, compreendemos que se trata tão somente de estratégia política o uso e imposição da estética branca como elemento hierarquizador e supervalorizado, não temos a intenção de desqualificá-la e sim de entender que o fenótipo negro não só é harmonioso como também é portador de beleza e merecedor de admiração.

Esse entendimento é necessário, sobretudo para mulheres negras que, compreensivelmente projetam a repulsa do homem negro pela sua estética reconhecida na mulher negra e na mulher branca, ridicularizando da mesma forma que o sistema racista tem feito com elas. Não é contraproducente alimentar rivalidades entre mulheres, sobretudo quando estamos diante de uma luta pela emancipação coletiva de seres humanos que vivem sob sistema de opressão de gênero. São linhas tênues e ações que de tão naturalizadas estão assentadas como entraves importantes que desarticulam grupos minoritários de dentro pra fora e precisam ser percebidas, entendidas e eliminadas, sob pena de comprometer todas as lutas, em momentos que dificultam diagnosticá-los e tratá-los com eficiência.

Nesse sentido, é sempre oportuno trazer na lembrança e estabelecer esse pensamento com estratégia política das mais potentes e eficazes, os dizeres da feminista afro-americana Toni Cade Bambara: "A revolução começa com o Eu, no EU".[86]

Entender a autoavaliação de si mesmo e, principalmente, conseguir detectar aquilo que o sistema conseguiu adulterar em nós mesmos é um ato político importante. É lavar-se de toda a carga violenta e limitadora que os sistemas de opressão e dominação conseguiu implantar em nosso âmago. No filme *The Great Debaters*, que nos traz importante reflexão sobre *empoderamento*, o professor Melvin B. Tompson, interpretado pelo ator Denzel Washington, é um articulador político, e quando ele trabalha com seus alunos no nível que, profissionalmente, lhe cabe o educacional, ele não deixa de trabalhar conjuntamente o nível psicológico, estimulando a confiança destes naquilo que juntaram de conhecimento e, vez por outra, trazendo à tona uma abordagem sutil de suas vidas pessoais, nos assuntos que identificam como comum a toda pessoa negra, ou seja, a dimensão familiar da atuação dos sistemas de dominação e opressão.

Aprofundando sobre o que pensamos quando falamos em afetividade, na definição de Henri Wallon, que dedicou-se a esse estudo, fazendo com que fosse peça central de toda sua obra, afetividade seria um domínio funcional cujo desenvolvimento é dependente de uma ação conjunta de dois fatores estruturantes: o orgânico e o sócias. Ambos mantêm uma estreita relação entre si, equilibrando-se para suprimir possíveis desajustes ocasionais entre um e outro e, não podem ser consideradas de maneira determinista quando analisamos sua função no desenvolvimento humano. Segundo o estudioso

> [...] a constituição biológica da criança ao nascer não será a lei única do seu futuro destino. Os seus efeitos podem ser amplamente transformados pelas circunstâncias sociais, da sua existência, onde a escolha individual não será ausente.[87]

Essa fundamentação teórica de Wallon é a linha condutora para pensarmos na função da afetividade nos processos de *empoderamento*. Se há na teoria a assunção de uma interferência social no desenvolvimento da afetividade e, estamos falando de uma sociedade estruturada pelos sistemas de opressão e dominação, então a percepção empírica da influência social nas relações entre indivíduos que envolvem afetividades, deve ser considerada ou ao menos vista com maiores critérios. E ainda nos estudos sobre afetividade, fica esclarecido que afetividade é constituída pelo conjunto de emoções, boas ou ruim, que influem diretamente nos estados de bem-estar dos indivíduos.

Essa compreensão foi desenvolvida por bell hooks em alguns momentos, onde a estudiosa explicita a necessidade do amor aplicado aos meios de militância, ou seja, em grupos minoritários que pleiteiam transformações sociais completas, questionar os padrões relacionais e ainda, nossos sentimentos e projeções alavancadas por eles passa a ser uma das necessidades dentro de processos de *empoderamento*.

Para grupos dominantes o autoamor é construído ao longo de suas vidas, seja pelo reforço positivo da masculinidade – no caso de homens –, seja pelo reforço positivo estimulado pela visão de si mesmo em todos os espaços, principalmente como padrão de tudo de melhor que a pele branca significa. Mas para grupos oprimidos, o desgaste na relação desenvolvida consigo mesmo é tremendamente afetado pela pressão social negativa, tanto pela ausência de sua autoimagem como reforço positivo, como pela insatisfação alimentada pela crença que assimilam das estratégias de grupos dominantes, de inferioridade e subalternidades "naturais". Em outras palavras, eles passam por processos contínuos de desqualificação, enfraquecendo sistematicamente suas possibilidades de desenvolver o amor por si mesmo e o reconhecimento de seus pontos positivos e até de sua humanidade. Sendo assim, ainda podemos considerar a rejeição a si mesmo, enquanto indivíduo que estará projetada em seus pares sociais promovendo a impossibilidade de formarem relações saudáveis, sejam de amor ou amizade.

Falar de afetividade de uma maneira global é falar do cultivo da autoestima em sua completude, não isolando a aceitação estética como central, mas conjuntamente com um movimento no sentido de aprender a amar-se de fato para poder distribuir esse amor de maneira fluída, inspirando e influenciando aqueles cuja sensibilidade está adormecida pelas técnicas entorpecentes de desestruturação pessoal e coletiva de um sistema opressor.

> Por outro lado, não há como negar a existência de impeditivos sociais para que esse determinado grupo, etnicamente definido, alcance certos patamares sociais, significando que esse(s) indivíduo(s) se encontrem ceifados em suas possibilidades. Como é possível, então, a essas pessoas se amarem, se respeitarem e se valorizarem, quando se encontram diante desses impeditivos, senão pela via da luta social em busca do lhe é seu por direito social, jurídico e também na ordem do direito humano? [88]

O processo de fortalecimento da autoestima e estratégias conscientes de desenvolvimento das relações consigo mesmo também faz parte de um processo ativo de *empoderamento* e deve ser levado a sério, embora nem sempre nos meios de militância isso seja considerado um elemento indiretamente político. Para o grupo de mulheres negras, tendo em vista as condicionantes que influem no acúmulo da experiência como sujeito oprimido, esse processo torna-se invariavelmente, uma questão de sobrevivência. Sempre é necessário alertar mulheres negras para que estabeleçam um ritmo próprio de fortalecimento e reinvenção de si mesma, pois as violências que as atingem, descaracterizam e desestruturam continuamente enquanto não são compreendidos.

Assim sendo, em todos os lugares e tempos, enquanto as opressões se fazem atuantes, o trabalho de estímulo ao autoamor deve ser também contínuo, seja através do autocuidado, da alimentação do intelecto ou do cultivo das boas relações com outras mulheres negras, tendo em vista que sendo gentil com aquelas que nos servem de espelho social é uma ação empoderadora do nosso estado emocional, pois é agir com gentileza para com nós mesmas. Isso não significa, evidentemente aturar abusos ou romancear essas relações de modos que sejam pautadas pelas mesmas lógicas eurocêntricas de hierarquia entre mulheres tendo como base a divisão entre boa ou má, até mesmo porque

> [...] a mudança também pode ocorrer no espaço privado e pessoal da consciência de uma mulher individual. Igualmente fundamental, esse tipo de mudança é também pessoalmente empoderador. Qualquer mulher Negra individual que é forçada a permanecer "imóvel do lado de dentro" pode desenvolver o "lado de dentro" de uma consciência modificada como esfera de liberdade. É essencial se tornar pessoalmente empoderado por meio do autoconhecimento, mesmo em condições que limitam severamente a habilidade de agir. Na literatura das mulheres negras.[89]

Também cabe aqui uma breve reflexão sobre o preterimento afetivo e celibato definitivo de mulheres negras. É importante detectar essa fissura interna das relações desenvolvidas pela população negra e entendê-la como mais uma das tecnologias de dominação, aliciamento e opressão. Alimentar a movimentação de homens negros na direção da rejeição de si mesmo projetado na presença física de mulheres negras, seus pares sociais, tem sido um jogo bastante eficiente. Estudos como o de Claudete Alves e Ana Cláudia Lemos Pacheco, sobre afetividade de mulheres negras, são fundamentais para entendermos essas questões. Em *Virou regra*, livro que trata de sua dissertação de mestrado cujo o título é *Solidão da mulher negra: sua subjetividade e seu preterimento pelo homem negro na cidade de São Paulo,* Alves aborda as consequências do preterimento das mulheres negras fazendo uma análise histórica e crítica sobre as raízes e manutenção deste preterimento, assim como, Ana Pacheco, em seu livro *Mulher negra: afetividade e solidão,* aborda como a mulher negra está forma, de maneira geral, do "mercado afetivo" e naturalizada no lugar da ultrassexualização, do que chamaria de *mercado do sexo*.

> Há uma representação social baseada na raça e no gênero, a qual regula as escolhas afetivas das mulheres negras. A mulher negra e mestiça estaria fora do "mercado afetivo" e naturalizada no "mercado do sexo", da erotização, do trabalho doméstico, feminilizado e "escravizado"; em contraposição, as mulheres brancas seriam, nestas elaborações, pertencentes "à cultura do afetivo", do casamento, da união estável.[90]

Porém, cabe ressaltar, voltando a bell hooks, que muitas mulheres estão nesse estado de "solidão" porque não aceitam mais negociar suas humanidades para caberem em modelos opressores. Recusando a ser vítimas, entendem que estar num modelo de relacionamento opressor não lhes cabe, pois entendem como urgente o debate sobre masculinidade; os homens têm se responsabilizado pelas mudanças para não infligirem dores emocionais às mulheres negras. Seria preciso que mulheres negras tivessem considerações mais amplas sobre afetividade e reinventem novas formas de vivenciá-las, tendo em vista o modelo racializado com que as relações se dão, colocando esse grupo em situação de extrema desvantagem, como bem pontua Beatriz Nascimento em *Eu sou atlântica*

> Há poucas chances para ela numa sociedade em que a atração sexual está impregnada de modelos raciais, sendo ela representante da etnia mais submetida. Sua escolha por parte do homem passa pela crença de que seja mais erótica ou mais ardente sexualmente que as demais, crenças relacionadas às características do seu físico, muitas vezes exuberantes. Entretanto quando se trata de um relacionamento institucional, a discriminação étnica funciona como um impedimento, mais reforçado à medida que essa mulher alça uma posição de destaque social, como nos referimos acima. No contexto em que se encontra cabe a essa mulher a desmistificação do conceito de amor, transformando este em dinamizador cultural e social (envolvimento na atividade política, por exemplo), buscando mais a paridade entre os sexos do que a "igualdade iluminista". Rejeitando a fantasia da submissão amorosa, pode surgir uma mulher preta participante, que não reproduza o comportamento masculino autoritário, já que se encontra no oposto deste, podendo assim, assumir uma postura crítica intermediando sua própria história e seus *ethos*. Levantaria ela a proposta de parcerias nas relações sexuais que, por fim, se distribuiria nas relações sociais mais amplas.[91]

CONSIDERAÇÕES FINAIS

Percebemos que existe uma tradição internacional de estudo do empoderamento enquanto categoria conceitual e teoria aplicada, dialogando com as mais variadas áreas do conhecimento, como a Economia, Direito, Saúde Pública, Serviço Social, Administração Pública, e é, sem sombras de dúvidas, um vasto horizonte para pensar e agir em formas de resistência e superação de diversas opressões atingem grupos oprimidos, tanto na academia quanto no prática emancipadora. Infelizmente, apesar de toda a riqueza de sentido e de tantas pessoas que se debruçam sobre o tema, muitas vezes presenciamos seu esvaziamento e discussão sem seriedade, feita de forma acrítica que não faz jus ao potencial candente do que estamos falando.

Nesse sentido, inspirados em Freire, hooks, Collins, Davis, Batliwala, partimos daqueles e daquelas que entendem *empoderamento* como a aliança entre o se conscientizar criticamente e transformar na prática, algo contestador e revolucionário na sua essência. Partimos de quem entende que os oprimidos devem *empoderar-se* entre si e o que muitos e muitas podem fazer para contribuir para isso é semear o terreno para tornar o empoderamento fértil, tendo consciência, desde já que ao fazê-lo entramos no terreno do inimaginável: o *empoderamento* tem a contestação e o novo no seu âmago, revelando, quando presente, uma realidade sequer antes imaginada. É, sem dúvidas, uma verdadeira ponte para o futuro.

Vale dizer que há a importância de se *empoderar* no âmbito individual, porém é preciso que também haja um processo conjunto no âmbito coletivo. Quando falamos em empoderamento, estamos falando de um trabalho essencialmente político, ainda que perpasse todas as áreas da formação de um indivíduo e todas as nuances que envolvem a coletividade. Do mesmo modo, quando questionamos o modelo de poder que envolve esses processos, entendemos que não é possível *empoderar* alguém. *Empoderamos* a nós mesmos e amparamos outros indivíduos em seus processos, conscientes de que a conclusão só se dará pela simbiose do processo individual com o coletivo.

Quando há a distância dos sentidos originais do significado em empoderamento, o resultado costuma a apropriação do discurso para venda de um *empoderamento* pasteurizado, de fachada, paternalista mais interessado em manter o estado atual de coisas do que em estimular o caldo efervescentes de personalidades e demandas silenciadas por opressões que se cruzam. Ressalte-se que, em uma realidade capitalista, é importante criar estratégias de fortalecimento econômico e tal demanda é fundamental para surgimento de condições favoráveis ao *empoderamento*. Vale para fortalecimento financeiro, estético, afetivo, dentre tantos que oxigenam a corrida grupos oprimidos pela existência digna, sobretudo mulheres negras. Pela ressignificação pelo Feminismo Negro, ampliamos o conceito de humanidade, bem como seu potencial transformador, nomeando realidades por produções teóricas e redes de empoderamento que trazem a dimensão individual, comunitária e coletiva de afirmação, valorização e reconhecimento.

NOTAS

1. ARENDT, Hannah. *Sobre a violência*. 3. ed. Rio de Janeiro: Relume Dumará, 2001. p. 36
2. FOUCAULT. Michel. *Microfísica do poder*. Rio de Janeiro: Edições Graal, 1979. p. 182.
3. FOUCAULT, Michel. *Vigiar e punir:* nascimento da prisão. Tradução de Raquel Ramalhete. Petrópolis: Vozes, 1987. p. 117-118.
4. FREIRE, Paulo. *Conscientização*: teoria e prática da libertação, uma introdução ao pensamento de Paulo Freire. 3. ed. São Paulo: Editora Moraes, 1980. p. 31.
5. SARDENBERG, Cecília M. B. Conceituando "empoderamento" na perspectiva feminista. Disponível em: <https://repositorio.ufba.br/ri/handle/ri/6848>. Acesso em: 05 mar. 2018. [Transcrição revisada da comunicação oral apresentada ao I Seminário Internacional: Trilhas do Empoderamento de Mulheres – Projeto TEMPO, promovido pelo NEIM/UFBA, em Salvador, Bahia]
6. COLLINS, Patricia Hill. Aprendendo com a outsider within: a significação sociológica do pensamento feminista negro. *Sociedade e Estado*, v. 31, n. 1, p. 99-127, 2016. Disponível em: <http://www.scielo.br/scielo.php?pid=S0102-69922016000100099&script=sci_abstract&tlng=pt>. Acesso em: 05 mar. 2018.
7. CAMBRIDGE DICTIONARY. Power. Disponível em: <https://dictionary.cambridge.org/pt/dicionario/ingles/power>. Acesso em: 05 mar. 2018.
8. DICIONÁRIO AURÉLIO DE PORTUGUÊS ONLINE. Significado de Neologismo. Disponível em: <https://dicionariodoaurelio.com/neologismo>. Acesso em: 05 mar. 2018.

9. No original: "The process of gaining freedom and to do power what you want or to control what happness to you". CAMBRIDGE DICTIONARY. Empowerment. Disponível em: <https://dictionary.cambridge.org/pt/dicionario/ingles/empowerment>. Acesso em: 05 mar. 2018. (Tradução minha)
10. "MorDebe é uma base de dados que contém palavras do português, apresentando mais de 135.000 lemas e cerca de 1,5 milhões de formas flexionadas e que fornece informação sobre as características formais do léxico do português como a ortografia, a flexão e as relações morfológicas entre palavras". Cf.: BAQUERO, Rute Vivian Angelo. A situação das Américas: democracia, capital social e empoderamento. *Revista Debates*, Porto Alegre, v. 6, n. 1, p. 174, jan./abr., 2012. Disponível em: <http://www.seer.ufrgs.br/debates/article/viewFile/26722/17099/>. Acesso em: 05 mar. 2018.
11. No original: "Of all the buzzwords that have entered the development lexicon in the past thirty years, "empowerment" is probably the most widely used and abused. Like many other important terms that were coined to represent a clearly political concept, it has been "mainstreamed" in a manner that has virtually robbed it of its original meaning and strategic" tradução minha value". BATLIWALA, Srilatha. Putting power back into empowerment. Open Democracy, 30 jul. 2017. Disponível em: < https://www.opendemocracy.net/article/putting_power_back_into_empowerment_0>. Acesso em: 05 mar. 2018. (Tradução minha)
12. No original: "Empowerment is a construct that links individual strengths and competencies, natural helping systems, and proactive behaviors to social policy and social change (Rappaport, 1981, 1984). Empowerment theory,

research, and intervention link individual well-being with the larger social and political environment. Theoretically, the construct connects mental health to mutual help and the struggle to create a responsive community. It compels us to think in terms of wellness veruss illness, competence versus deficits, and strength versus weaknesses. Similarly empowerment research focuses on identifying capabilities instead of cataloging risk factors and exploring environmental influences of social problems instead of blaming victims". PERKINS, Douglas D.; ZIMMERMAN, Marc A. Empowerment Theory, Research and Applications. *American Journal of Community Psychology*, v. 23, p. 570, out., 1995. (Tradução minha)

13. No original: "Definitions of empowerment abound. We did not ask the authors in this special issue to adhere to any particular definition. We did, however, ask them to carefully consider their own conceptions of empowerment and to make their definitions as clear as possible. Although we urge the reader to compare each article's conceptualization, they all imply that empowerment is more than the traditional psychological constructs with which it is sometimes compared or confused (e.g., self-esteem, self-efficacy, competency, locus of control). The various definitions are generally consistent with empowerment as "an intentional ongoing process centered in the local community, involving mutual respect, critical reflection, caring, and group participation, through which people lacking an equal share of valued resources gain greater access to and control over those resources" (CorneU Empowerment Group, 1989) or simply a process by which people gain

control over their lives, democratic participation in the life of their community (Rappaport, 1987), and a critical understanding of their environment (Zimmerman, Israel, Schulz, Checkoway, 1992)". PERKINS, Douglas D.; ZIMMERMAN, Marc A. Empowerment Theory, Research and Applications. *American Journal of Community Psychology*, v. 23, p. 570, out., 1995. (Tradução minha)

14. BAQUERO, Rute Vivian Angelo. A situação das Américas: democracia, capital social e empoderamento. *Revista Debates*, Porto Alegre, v. 6, n. 1, p. 174-175, jan./abr., 2012. Disponível em: <http://www.seer.ufrgs.br/debates/article/viewFile/26722/17099/>. Acesso em: 05 mar. 2018.

15. *Ibidem*.

16. Uma tradução literal do título do livro é "Empoderamento Negro: trabalho social em comunidades oprimidas". Cf.: SOLOMON, Barbara Bryant. *Black Empowerment*: Social Work in Oppressed Communities. Nova York: Columbia University Press, 1976.

17. No original: "The effects of negative images of black are traced as they operate in major social institutions such as the family, peer groups, and schools. These effects are connected to the emergence of characteristic personal and social problems encountered in black communities. Following upon an earlier discussion, empowerment is defined as a process whereby self direction and the helping process are the healing and strengthening forces among blacks". SOLOMON, Barbara Bryant. *Black Empowerment*: Social Work in Oppressed Communities. Nova York: Columbia University Press, 1976. p. 27.

18. No original: "Empowerment refers to principles, such as the ability of individuals and groups to act in order to ensure their own well-being or their right to participate in decision-making that concerns them, that have guided research on and social intervention among poor and marginalized populations for several decades in the United States (Simon 1994). Not until the 1970s, and especially the 1976 publication of *Black Empowerment: Social Work in Oppressed Communities* by Barbara Solomon, however, does the term formally come into usage by social service providers and researchers". Cf.: ANNE-EMMANUÈLE, Calvès. Empowerment: généalogie d'un concept clé du discours contemporain sur le développement. *Revue Tiers Monde*, n. 200, v. 4, p. 735-749, 2009. Disponível em: <https://www.cairn.info/revue-revue-tiers-monde-2009-4-page-735.htm>. Acesso em: 05 mar. 2018. (Tradução minha)
19. FREIRE, Paulo. *Educação como prática da liberdade*. São Paulo: Editora Paz e Terra. 1986. p. 104.
20. *Idem*, p. 105-106.
21. FREIRE, Paulo. *Pedagogia do oprimido*. 17. ed. Rio de Janeiro: Editora Paz e Terra, 1987. p. 18.
22. *Idem*, p. 16.
23. *Ibidem*.
24. FREIRE, Paulo; SHOR, Ira. *Medo e ousadia*: o cotidiano do professor. Rio de Janeiro: Paz e Terra, 1986.
25. *Idem*, p. 71.
26. Nesse sentido, conferir a Teoria da Delimitação de Sistemas desenvolvida pelo intelectual afro-brasileiro, "um sistema

social em que os indivíduos envolvem-se em atividades automotivantes, que possibilitem a singularidade aflorar, mas com consciência social". Cf.: SIMON, Vanêssa Silveira Pereira. *Trajetórias fenonômicas e empoderamento:* histórias de vida de mulheres na economia social e solidária catarinense. 2015. Tese (doutorado) - Universidade Federal de Santa Catarina, Centro Sócio-Econômico, Programa de Pós-Graduação em Administração, Florianópolis. Disponível em: <https://repositorio.ufsc.br/handle/123456789/160773>. Acesso em: 05 mar. 2018.

27. No original: "The concept of women's empowerment emerged from critiques and debates generated by the women's movement during the 1980s, when feminists, particularly in what was then known more widely as the "third world" (Before the term "global south" gained currency), were growing discontent with the largely apolitical and economistic models in prevailing development interventions. There was at the time growing interaction between feminism and the "conscientisation" approach developed by Paulo Freire in Latin America. But where Freire ignored gender and the subordination of women as a critical element of liberation, there were other important influences on activists and nascent social movements at this time: among them the rediscovery of Antonio Gramsci's "subalterns" embodying and the hegemonic role of dominant ideologies, the emergence of social construction theory and post-colonial theory". BATLIWALA, Srilatha. Putting power back into empowerment. Disponível em: <https://www.opendemocracy.net/article/putting_power_back_into_empowerment_0>. Acesso em: 05 mar. 2018. (Tradução minha)

28. Cf.: RIBEIRO, Djamila. *O que é lugar de fala?* Belo Horizonte: Grupo Editorial Letramento, 2017. (Feminismos Plurais)

29. Cf.: MOREIRA, Adilson José. Pensando como um negro: ensaio de hermenêutica jurídica. *Revista de Direito Brasileira*, v. 18, p. 393-420, 2017.

30. Cf.: SARDENBERG, Cecília M. B. Conceituando "empoderamento" na perspectiva feminista, p. 6. Disponível em: <https://repositorio.ufba.br/ri/handle/ri/6848>. Acesso em: 05 mar. 2018. [Transcrição revisada da comunicação oral apresentada ao I Seminário Internacional: Trilhas do Empoderamento de Mulheres – Projeto TEMPO, promovido pelo NEIM/UFBA, em Salvador, Bahia]

31. No original: "Una de las contradicciones fundamentales en el uso del término "empoderamiento" lo expresa el debate entre el empoderamiento individual y el colectivo. Para quienes lo usan desde el área de lo individual, con énfasis en los procesos cognitivos, el empoderamiento se circunscribe al sentido que los individuos le autoconfieren. Toma un sentido de dominio y control individual, de control personal. Es "hacer las cosas por sí mismo", es "tener éxito sin la ayuda de los otros". Ésta es una visión individualista, que lleva a señalar como prioritarios a los sujetos independientes y autónomos con un sentido de dominio de sí mismos, y desconoce las relaciones entre las estructuras de poder y las prácticas de la vida diaria de los individuos y grupos, además de que desconecta a las personas del amplio contexto sociopolítico, histórico, de lo solidario, de lo que representa la cooperación y lo que significa el preocuparse por el outro". LEON, Madalena. El empoderamiento de las mujeres: Encuentro del primer y

tercer mundos em los estudios de gênero. *Revista Estudos de gênero: La Ventana*, Espanha, v. 2, n. 13, p. 97, 2001. (Tradução minha)

32. "Este empoderamiento puede ser una simple y mera ilusión, si no está conectado con el contexto y se relaciona con acciones colectivas dentro de un proceso político. Si bien es cierto que resulta importante reconocer las percepciones individuales, no se puede reducir el empoderamiento de manera que ignore lo histórico y lo político. El empoderamiento incluye tanto el cambio individual como la acción colectiva. El empoderamiento como autoconfianza y autoestima debe integrarse en un sentido de proceso con la comunidad, la cooperación y la solidaridad. Al tener en cuenta el proceso histórico que crea la carencia de poder, se hace evidente la necesidad de alterar las estructuras sociales vigentes; es decir, de reconocer el imperativo del cambio". Cf.: LEON, Madalena. El empoderamiento de las mujeres: Encuentro del primer y tercer mundos em los estudios de género. *Revista Estudos de gênero: La Ventana*, Espanha, v. 2, n. 13, p. 97, 2001. (Tradução minha)

33. No original: "The truncating of one's own testimony in order to insure that the testimony contains only content for which one's audience demonstrates testimonial competence". DOTSON, Kristie. Tracking Epistemic Violence, Tracking Practices of Silecing. *Hypatia*, v. 26, n. 2, p. 242, 2011. (Tradução minha)

34. Para quem quiser se aprofundar, ver mais em *Pode o subalterno falar?: especulações sobre o sacrifício das viúvas*, 1985, escrito pela pensadora indiana Gayatri Chakravorty Spivak.

35. CARNEIRO, Aparecida Sueli. *A construção do outro como não-ser com fundamento do ser*. 2005. Tese (Doutorado em Educação junto à Área Filosofia da Educação) – Programa de Pós-Graduação em Educação da Universidade de São Paulo, São Paulo. Disponível em: <https://negrasoulblog.files.wordpress.com/2016/04/a-construc3a7c3a3o-do-outro-como-nc3a3o-ser-como-fundamento-do-ser-sueli-carneiro-tese1.pdf>. Acesso em: 05 mar. 2018.
36. *Idem*.
37. KILOMBA, Grada. The Mask. In: KILOMBA, Grada. *Plantation Memories*: Episodes of Everyday Racism. Münster: Unrast Verlag, 2. ed., 2010. p. 1-2. Tradução de Jessica Oliveira. Disponível em: <https://www.revistas.usp.br/clt/article/viewFile/115286/112968 >. Acesso em: 05 mar. 2018.
38. CARNEIRO, Sueli. Enegrecendo o feminismo: a situação da mulher negra na América Latina a partir de uma perspectiva de gênero. Geledes, 06 mar. 2011. Disponível em: <https://www.geledes.org.br/enegrecer-o-feminismo-situacao-da-mulher-negra-na-america-latina-partir-de-uma-perspectiva-de-genero/>. Acesso em: 05 mar. 2018.
39. *Idem*.
40. ROMANO, Jorge O.; ANTUNES, Marta. *Empoderamento e direitos no combate à pobreza*. Rio de Janeiro: Action Aid, 2002.
41. *Idem*, p. 5.
42. *Ibidem*.
43. *Ibidem*, p. 10.
44. *Ibidem*, p. 11.

45. ROMANO, Jorge O.; ANTUNES, Marta. *Empoderamento e direitos no combate à pobreza*. Rio de Janeiro: Action Aid, 2002. p. 11.
46. *Idem*, p. 12.
47. SEN, Gita. Empowerment as an approach to poverty. *Working Paper Series*, n. 97, v. 7, dez., 1997.
48. SANCHES, Mariana. O Bolsa Família e a revolução feminista no sertão. Marie Claire, 27 nov. 2012. Disponível em: <https://revistamarieclaire.globo.com/Mulheres-do-Mundo/noticia/2012/11/o-bolsa-familia-e-revolucao-feminista-no-sertao.html>. Acesso em: 05 mar. de 2018.
49. Para quem quiser se aprofundar no tema, recomendo o documentário *Severina: as novas mulheres do sertão*, de Eliza Capai e realização da Agência Pública. Disponível em: <https://apublica.org/2013/08/severinas-novas-mulheres-sertao/>. Acesso em: 05 mar. 2018.
50. SUPLICY, Eduardo Matarazzo. *Renda de cidadania*: a saída pela porta. 7. ed. São Paulo: Cortez Editora, 2013. p. 164.
51. GOHN, Maria da Glória. Empoderamento e participação da comunidade em políticas sociais. *Saúde e Sociedade*, v. 13, n. 2, p. 25, 2004.
52. BAQUERO, M. Construindo uma outra sociedade: o capital social na estruturação de uma cultura política participativa no Brasil. *Revista de Sociologia e Política*, n. 23, 2003.
53. *Idem*, p. 83.
54. Para quem quiser se dedicar mais ao tema de participação social, recomendo o artigo "O Decreto n. 8243/2014 e os desafios da consolidação democrática brasileira" de

autoria do professor de Direito na Faculdade de Direito de São Paulo, Eduardo C. B. Bittar. Cf.: BITTAR, Eduardo C. B. O Decreto n. 8243/2014 e os desafios da consolidação democrática brasileira. *Revista de Informação Legislativa*, ano 51, n. 203, p. 7-38, jul./set., 2014.

55. Para maiores informações, destaco o link para acesso à íntegra do projeto. Cf.: CÂMARA MUNICIPAL DE SÃO PAULO. Consultar documentos: Área de Documentação Legislativa (por SGP.3). Disponível em: <http://splegisconsulta.camara.sp.gov.br/Pesquisa/DetailsResumido?COD_MTRA_LEGL=1&ANO_PCSS_CMSP=2016&COD_PCSS_CMSP=393>. Acesso em: 05 mar. 2018.

56. "Apesar da garantia expressa desses direitos na legislação oficial, os procedimentos de participação nas tomadas de decisão e, em especial, para formulação das consultas aos povos tradicionais ainda não se desenvolveu ao ponto de significar um processo de diálogo que seja capaz de proporcionar a comunicação não apenas das decisões já tomadas pelo Estado, como ocorreu desde o início da exploração colonial, mas também dos interesses e discordâncias por parte de todos os interlocutores envolvidos". PERUZZO, Pedro Pulzatto. Direito à consulta prévia aos povos indígenas no Brasil. *Revista Direito e Práxis*, Rio de Janeiro, v. XX, n. XX, p. 1-33, 2017.

57. *Idem*, p. 29.

58. *Idem*, p. 13.

59. Nesse sentido: "É certo que os movimentos sociais organizados têm sido protagonistas em apontar e lutar pela alteração dos problemas para a política, como ocorreu com

a normativa que permitiu a instalação de equipamentos públicos em comunidades certificados e o que possibilitou a isenção do Imposto Territorial Rural (ITR) para as comunidades quilombolas. Essas mudanças, entretanto, têm todas sido feitas à fórceps, tendo em vista que os mecanismos de participação social da política são ainda frágeis, particularmente, se consideradas não a sua existência, mas a absorção das sugestões ao programa. Um exemplo dessa frágil absorção do conceito de participação social é o próprio processo de regulamentação do procedimento de consulta prévia da Convenção 169 da OIT, constantemente denunciado por prescindir do conhecimento e da participação dos principais interessados na construção desse marco legal: os indígenas, quilombolas, as comunidades e povos tradicionais". SILVA, Allyne Andrade e. *Direito, desenvolvimento e políticas públicas* uma análise jurídica do Programa Brasil Quilombola. São Paulo: Universidade de São Paulo, 2015. p. 159.

60. GOHN, Maria da Glória. Empoderamento e participação da comunidade em políticas sociais. *Saúde e Sociedade*, v. 13, n. 2, p. 12, 2004.

61. BORGES, Juliana. A urgência do pensamento feminista negro para a democracia. Blog da Boitempo, 06 abr. 2017. Disponível em: <https://blogdaboitempo.com.br/2017/04/06/a-urgencia-do-pensamento-feminista-negro-para-a-democracia/>. Acesso em: 05 mar. 2018.

62. HOOKS, bell. Movimentar-se para além da dor. Tradução de Charô Nunes e Larissa Santiago. Blogueiras Negras, 11 maio 2016. Disponível em: <http://blogueirasnegras.

org/2016/05/11/movimentar-se-para-alem-da-dor-bell--hooks/>. Acesso em: 05 mar. 2018. (grifo nosso)

63. No original: "Coming to womanhood in the segregate South I had never heard blck women talk about themselves as victims. Facing hardship, the ravages of economic lack and deprivation, the cruel Injustice of racial apartheid. I lived in a world where women gained strength by sharing knowledge and resources, not by bonding on the basis of being victims. Despite the incredible pain of living in a racial apartheid, Southern black people did not speak about ourselves as victims even when we were downtrodden. We identified ourselves more by the experience of resistance and triumph than by the nature of our victimization. It was a fiven that life was hard, that there was suffering. It was by facing that suffering with grace and dignity that one experienced transformation. During civil rights struggle, when we joined hands to sing 'we shall overcom', we were empowered by a vision of fulfillment, of victory". HOOKS, bell. *Killing Rage, Ending Racism*. Nova York: Henry Holt and Company, 1996, p. 1. (Tradução minha)

64. DAVIS, Angela. *Mulheres, cultura e política*. São Paulo: Boitempo, 2016. p. 15.

65. BATLIWALA, Srilatha. The meaning of women's empowerment: new concepts from action. In: SEN, Gita; GERMAIN, Adrienne; CHEN, Lincoln C. (Eds.). *Population policies reconsidered*: health, empowerment and rights. Boston: Harvard University Press. 1994. p. 129.

66. GOMES, Flávio; PAIXÃO, Marcelo. História das diferenças e desigualdades revisitadas: notas sobre gênero, escravidão, raça e pós-emancipação. *Estudos Feministas*, Florianópolis, v. 16, n. 3, p. 951, set./dez., 2008.

67. ADICHIE, Chimamanda Ngozi. Os perigos da história única. TEDGlobal 2009. Disponível em: <https://www.ted.com/talks/chimamanda_adichie_the_danger_of_a_single_story?language=pt>. Acesso em: 05 mar. 2018.

68. HOOKS, bell. *Ensinando a transgredir*: a educação como prática da liberdade. Tradução de Marcelo Brandão Cipolla. São Paulo: Martins Fontes, 2013.

69. "E eu não sou uma mulher: mulher negra e feminismo". (Tradução minha)

70. HOOKS, bell. *O amor como prática de liberdade*. Disponível em: <https://docgo.net/philosophy-of-money.html?utm_source=bell-hooks-o-amor-como-a-pratica-da-liberdade-pdf&utm_campaign=download>. Acesso em: 05 mar. 2018.

71. LORDE, Audre. *Age, Race, Class and Sex*: Women Redefining Difference. Sister Outsider: Essays and Speeches. Freedom: Crossing Press, 1984. p. 114-123.

72. No original: "In an earlier article, I used the concept of intersectionality to denote the various ways in which race and gender interact to shape the multiple dimensions of Black1 women's employment experiences (Crenshaw 1989, p. 139). My objective there was to illustrate that many of the experiences Black women face are not subsumed within the traditional boundaries of race or gender discrimination as these boundaries are currently understood, and that the in-

tersection of racism and sexism factors into Black women's lives in ways that cannot be captured wholly by looking at the women race or gender dimensions of those experiences separately. I build on those observations here by exploring the various ways in which race and gender intersect in shaping structural and political aspects of violence against women of color". Cf.: CRENSHAW, Kimberlé Williams. Mapping the Margins: Intersectionality, Identity Politics, and Violence Against Women of Color. Disponível em: <https://www.racialequitytools.org/resourcefiles/mapping-margins.pdf>. Acesso em: 05 mar. 2018. (Tradução minha)

73. HOOKS, bell. *O amor como prática de liberdade*. Disponível em: <https://docgo.net/philosophy-of-money.html?utm_source=bell-hooks-o-amor-como-a-pratica-da-liberdade--pdf&utm_campaign=download>. Acesso em: 05 mar. 2018.

74. No original: "Today, I ask myself a simple question: if this word, and the idea it represented, has been seized and re-defined by populist politics, fundamentalist and neo-conservative ideologies, and corporate management, if it has been downsized by micro-finance and quota evangelists, and otherwise generally divested of all vestiges of power and politics, is it worth reclaiming? Indeed it is. And it must be reclaimed because our vision of social transformation remains uniquely important, in a world where magic bullets and mechanical solutions attempt to evade the more fundamental processes of social justice that were at the core of feminist thinking from its earliest days. But the task of reclaiming has three vital components. First, we need to need to actually reclaim the agendas - such as empowerment - and the spaces for engaging the mainstream dis-

course from which we have been marginalised: the spaces of other social movements such as economic justice, the environment, and human rights, where gender is barely present anymore". BATLIWALA, Srilatha. Putting power back into empowerment. Disponível em: <https://www.opendemocracy.net/article/putting_power_back_into_empowerment_0>. Acesso em: 05 mar. 2018. (Tradução minha)

75. KILOMBA, Grada. Descolonizando o conhecimento: uma palestra-performance de Grada Kilomba. Tradução de Jessica Oliveira. Disponível em: <http://www.academia.edu/23391789/Tradução_para_o_Português_de_DESCOLONIZANDO_O_CONHECIMENTO_Uma_Palestra-Performance_de_Grada_Kilomba>. Acesso em: 05 mar. 2018.

76. GONZALEZ, Lélia. A categoria político-cultural de amefricanidade. *Tempo Brasileiro*, Rio de Janeiro, n. 92-93, p. 71, jan./jun., 1988.

77. LEON, Madalena. El empoderamiento de las mujeres: encuentro del primer y tercer mundos em los estudios de género. *Revista Estudos de gênero: La Ventana*, Espanha, v. 2, n. 13, p. 97, 2001.

78. COLLINS, Patricia Hill. Aprendendo com a outsider within: a significação sociológica do pensamento feminista negro. *Sociedade e Estado*, v. 31, n. 1, p. 103-104.

79. YOUTUBE. Malcolm X: "Quem te ensinou a odiar a si mesmo?". Disponível em: <https://www.youtube.com/watch?v=RMj9AHmNOi4>. Acesso em: 05 mar. 2018.

80. GOMES, Nilma Lino. Trajetórias escolares, corpo negro e cabelo crespo: reprodução de estereótipos ou ressignificação cultural? *Revista Brasileira de Educação*, n. 21, p. 42, set./dez., 2002.

81. SALAMALANDRO. Dois poemas de Langston Hughes. Disponível em: <http://www.salamalandro.redezero.org/2-poemas-de-langston-hughes/>. Acesso em: 05 mar. 2018.
82. LETRAS MUS BR. Negro Drama. Disponível em: <https://www.letras.mus.br/racionais-mcs/63398/>. Acesso em: 05 mar. 2018.
83. GONZALEZ, Lélia. A categoria político-cultural de amefricanidade. *Tempo Brasileiro*, Rio de Janeiro, n. 92-93, p. 73, jan./jun., 1988.
84. FANON, Frantz. *Peles negras, máscaras brancas*. Tradução de Renato da Silveira. Salvador: EDUFBA, 2008. p. 69.
85. BEAUVOIR, Simone de. *O segundo sexo.* 2. ed. Rio de Janeiro. Nova Fronteira, 2009. p. 229-230.
86. LEWIS, Heidi R. Feminists We Love: Toni Cade Bambara. The Feminist Wire, 25 mar. 2014. Disponível em: <http://www.thefeministwire.com/2014/03/revolution-begins-with-the-self/>. Acesso em: 05 mar. 2018.
87. WALLON, Henri. Les mileux, les groupes et la psychogenèse de l'enfant. *Enfance*, Paris, n. 3, v. 4, p. 287-296, maio/out., 1959 *apud* ALMEIDA, Ana Rita Silva. O que é afetividade? Reflexões para um conceito. Disponível em: <https://www.revistas.ufg.br/interacao/article/download/5271/4688>. Disponível em: 05 mar. 2018.
88. JULIO, Ana Luiza. Por uma visão psicossocial da autoestima de negros e negras. *Protestantismo em Revista*, n. 24, p. 62-69, jan./abr., 2011. Disponível em: <http://periodicos.est.edu.br/index.php/nepp/article/view/79>. Acesso em: 05 mar. 2018.

89. COLLINS, Patricia Hill. Aprendendo com a outsider within: a significação sociológica do pensamento feminista negro. *Sociedade e Estado*, v. 31, n. 1, p. 99-127, 2016. Disponível em: <http://www.scielo.br/scielo.php?pid=S0102-69922016000100099&script=sci_abstract&tlng=pt>. Acesso em: 05 mar. 2018.

90. PACHECO, Ana Cláudia Lemos. *Mulher negra:* afetividade e solidão. Salvador: EDUFBA, 2013. p. 26.

91. NASCIMENTO, Beatriz. A mulher negra e o amor. *Jornal Maioria Falante*. n. 17, fev./mar, p. 3, 1990 *apud* RATTS, Alex. *Eu sou atlântica*. São Paulo: Impressão Oficial, 2006. p. 129. Disponível em: <https://www.imprensaoficial.com.br/downloads/pdf/projetossociais/eusouatlantica.pdf>. Acesso em: 05 mar. 2018.

REFERÊNCIAS

ADICHIE, Chimamanda Ngozi. Os perigos da história única. TEDGlobal 2009. Disponível em: <https://www.ted.com/talks/chimamanda_adichie_the_danger_of_a_single_story?language=p>. Acesso em: 05 mar. 2018.

ALMEIDA, Ana Rita Silva. O que é afetividade? Reflexões para um conceito. Disponível em: <https://www.revistas.ufg.br/interacao/article/download/5271/4688>. Acesso em: 05 mar. 2018.

ALVES, Claudete. *Virou regra?* São Paulo: Scortecci Editora, 2010.

ANNE-EMMANUÈLE, Calvès. Empowerment: généalogie d'un concept clé du discours contemporain sur le développement. *Revue Tiers Monde*, n. 200, v. 4, p. 735-749, 2009. Disponível em: <https://www.cairn.info/revue--revue-tiers-monde-2009-4-page-735.htm>. Acesso em: 05 mar. 2018.

ARENDT, Hannah. *Sobre a violência*. 3. ed. Rio de Janeiro: Relume Dumará, 2001.

BAQUERO, M. Construindo uma outra sociedade: o capital social na estruturação de uma cultura política participativa no Brasil. *Revista de Sociologia e Política*, n. 23, 2003.

BAQUERO, M. *Reinventando a sociedade na América Latina*: cultura política, gênero, exclusão e capital social. Porto Alegre; Brasília: Ed. da UFRGS; Conselho Nacional dos Direitos da Mulher, 2001.

BAQUERO, Rute Vivian Angelo. A situação das Américas: democracia, capital social e empoderamento. *Revista Debates*, Porto Alegre, v. 6, n. 1, p. 173-187, jan./abr., 2012. Disponível em: <http://www.seer.ufrgs.br/debates/article/viewFile/26722/17099/>. Acesso em: 05 mar. 2018.

BAQUERO, Rute. Empoderamento: questões conceituais e metodológicas. *REDES – Revista do Desenvolvimento Regional*, v. 11, n. 2, p. 77-93, maio/ago., 2006.

BATLIWALA, Srilatha. Putting power back into empowerment. Disponível em: <https://www.opendemocracy.net/article/putting_power_back_into_empowerment_0>. Acesso em: 05 mar. 2018.

BATLIWALA, Srilatha. The meaning of women's empowerment: new concepts from action. In: SEN, Gita; GERMAIN, Adrienne; CHEN, Lincoln C. (Eds.). *Population policies reconsidered*: health, empowerment and rights. Boston: Harvard University Press, 1994.

BEAUVOIR, Simone de. *O segundo sexo.* 2. ed. Rio de Janeiro: Nova Fronteira, 2009.

BITTAR, Eduardo C. B. O Decreto n. 8243/2014 e os desafios da consolidação democrática brasileira. *Revista de Informação Legislativa*, ano 51, n. 203, p. 7-38, jul./set., 2014.

BORGES, Juliana. A urgência do pensamento feminista negro para a democracia. Blog da Boitempo, 06 abr. 2017. Disponível em: <https://blogdaboitempo.com.br/2017/04/06/a-urgencia-do-pensamento-feminista-negro-para-a-democracia/>. Acesso em: 05 mar. 2018.

CAMBRIDGE DICTIONARY. Empowerment. Disponível em: <https://dictionary.cambridge.org/pt/dicionario/ingles/empowerment>. Acesso em: 05 mar. 2018.

CAMBRIDGE DICTIONARY. Power. Disponível em: <https://dictionary.cambridge.org/pt/dicionario/ingles/power> Acesso em: 05 mar. 2018.

CÂMARA MUNICIPAL DE SÃO PAULO. Consultar documentos: Área de Documentação Legislativa (por SGP.3). Disponível em: <http://splegisconsulta.camara.sp.gov.br/Pesquisa/DetailsResumido?COD_MTRA_LEGL=1&ANO_PCSS_CMSP=2016&COD_PCSS_CMSP=393>. Acesso em: 05 mar. 2018.

CARNEIRO, Aparecida Sueli. *A construção do outro como não-ser com fundamento do ser*. 2005. Tese (Doutorado em Educação junto à Área Filosofia da Educação) – Programa de Pós-Graduação em Educação da Universidade de São Paulo, São Paulo. Disponível em: <https://negrasoulblog.files.wordpress.com/2016/04/a-construc3a7c3a3o-do-outro-como-nc3a3o-ser-como-fundamento-do-ser-sueli-carneiro-tese1.pdf>. Acesso em: 05 mar. 2018.

CARNEIRO, Sueli. Enegrecendo o feminismo: a situação da mulher negra na América Latina a partir de uma perspectiva de gênero. Geledes, 06 mar. 2011. Disponível em: <https://www.geledes.org.br/enegrecer-o-feminismo-situacao-da-mulher-negra-na-america-latina-partir-de-uma-perspectiva-de-genero/>. Acesso em: 05 mar. 2018.

CEVA, Antonia Lana Alencastre; GONZALEZ, Lélia. Fazendo escola. *Revista Mosaico*, v. 6, n. 1, p. 22-28, jan./jun., 2015. Disponível em: <https://www.researchgate.net/publication/313832341_Lelia_Gonzalez_-_fazendo_escola>. Acesso em: 05 mar. 2018.

COLLINS, Patricia Hill. Aprendendo com a outsider within: a significação sociológica do pensamento feminista negro. *Sociedade e Estado*, v. 31, n. 1, p. 99-127, 2016. Disponível em: <http://www.scielo.br/scielo.php?pid=S0102-69922016000100099&script=sci_abstract&tlng=pt>. Acesso em: 05 mar. 2018.

COLLINS, Patricia Hill. *Black Feminist Thought*: Knowledge, Consciousness, and the Politics of Empowerment. Nova York: Routledge, 2000.

COLLINS. Definição de 'verbing'. Disponível em: <https://www.collinsdictionary.com/pt/dictionary/english/verbing>. Acesso em: 05 mar. 2018.

CRENSHAW, Kimberlé Williams. Mapping the Margins: Intersectionality, Identity Politics, and Violence Against Women of Color. Disponível em: <https://www.racialequitytools.org/resourcefiles/mapping-margins.pdf>. Acesso em: 05 mar. 2018.

DAVIS, Angela. *Mulheres, cultura e política*. São Paulo: Boitempo, 2016.

DICIONÁRIO AURÉLIO DE PORTUGUÊS ONLINE. Significado de Neologismo. Disponível em: <https://dicionariodoaurelio.com/neologismo>. Acesso em: 05 mar. 2018.

DOTSON, Kristie. Tracking Epistemic Violence, Tracking Practices of Silecing. *Hypatia*, v. 26, n. 2, 2011.

EMPOWERMENT. Disponível em: <http://empowermentnyuswp1.blogspot.com.br>. Acesso em: 05 mar. 2018.

FANON, Frantz. *Peles negras, máscaras brancas*. Tradução de Renato da Silveira. Salvador: EDUFBA, 2008.

FREIRE, Paulo. *Conscientização*: teoria e prática da libertação, uma introdução ao pensamento de Paulo Freire. 3. ed. São Paulo: Editora Moraes, 1980.

FREIRE, Paulo. *Educação como prática da liberdade*. São Paulo: Editora Paz e Terra. 1986.

FREIRE, Paulo. *Pedagogia do oprimido*. 17. ed. Rio de Janeiro: Editora Paz e Terra, 1987.

FREIRE, Paulo; SHOR, Ira. *Medo e ousadia*: o cotidiano do professor. Rio de Janeiro: Paz e Terra, 1986.

FOUCAULT. Michel. *Microfísica do poder* Rio de Janeiro: Edições Graal, 1979.

FOUCAULT, Michel. *Vigiar e punir*: nascimento da prisão. Tradução de Raquel Ramalhete. Petrópolis: Vozes, 1987.

GOHN, Maria da Glória. Empoderamento e participação da comunidade em políticas sociais. *Saúde e Sociedade*, v. 13, n. 2, 2004.

GOMES, Flávio; PAIXÃO, Marcelo. História das diferenças e desigualdades revisitadas: notas sobre gênero, escravidão, raça e pós-emancipação. *Estudos Feministas*, Florianópolis, v. 16, n. 3, set./dez., 2008.

GOMES, Nilma Lino. Trajetórias escolares, corpo negro e cabelo crespo: reprodução de estereótipos ou ressignificação cultural? *Revista Brasileira de Educação*, n. 21, p. 40-51, set./dez., 2002.

GONZALEZ, Lélia. A categoria político-cultural de amefricanidade. *Tempo Brasileiro*, Rio de Janeiro, n. 92-93, jan./jun., 1988.

HOOKS, bell. *Ensinando a transgredir*: a educação como prática da liberdade. Tradução de Marcelo Brandão Cipolla. São Paulo: Martins Fontes, 2013.

HOOKS, bell. *Killing Rage, Ending Racism*. Nova York: Henry Holt and Company, 1996.

HOOKS, bell. Movimentar-se para além da dor. Tradução de Charô Nunes e Larissa Santiago. Blogueiras Negras, 11 maio 2016. Disponível em: <http://blogueirasnegras.org/2016/05/11/movimentar-se-para-alem--da-dor-bell-hooks/>. Acesso em: 05 mar. 2018.

HOOKS, bell. O amor como prática de liberdade. Disponível em: <https://docgo.net/philosophy-of-money.html?utm_source=bell-hooks-o-amor--como-a-pratica-da-liberdade-pdf&utm_campaign=download>. Acesso em: 05 mar. 2018.

JULIO, Ana Luiza. Por uma visão psicossocial da autoestima de negros e negras. *Protestantismo em Revista*, n. 24, p. 62-69, jan./abr., 2011. Disponível em: <http://periodicos.est.edu.br/index.php/nepp/article/view/79>. Acesso em: 05 mar. 2018.

KILOMBA, Grada. Descolonizando o conhecimento: uma palestra-performance de Grada Kilomba. Tradução de Jessica Oliveira. Disponível em: <https://www.academia.edu/ _de_Grada_Kilomba>. Acesso em: 05 mar. 2018.

KILOMBA, Grada. *Plantation Memories*: Episodes of Everyday Racism. Münster: Unrast Verlag, 2012. Disponível em: <https://schwarzemilch.files.wordpress.com/2012/05/kilomba-grada_2010_plantation-memories.pdf>. Acesso em: 05 mar. 2018.

LEON, Madalena. El empoderamiento de las mujeres: encuentro del primer y tercer mundos em los estudios de género. *Revista Estudos de gênero: La Ventana*, Espanha, v. 2, n. 13, 2001.

LETRAS MUS BR. Negro Drama. Disponível em: <https://www.letras.mus.br/racionais-mcs/63398/>. Acesso em: 05 mar. 2018.

LEWIS, Heidi R. Feminists We Love: Toni Cade Bambara. The Feminist Wire, 25 mar. 2014. Disponível em: <http://www.thefeministwire.com/2014/03/revolution-begins-with-the-self/>. Acesso em: 05 mar. 2018.

LORDE, Audre. *Age, Race, Class and Sex*: Women Redefining Difference. Sister Outsider: Essays and Speeches. Freedom: Crossing Press, 1984.

MERRIAM-WEBSTER DICTIONARY. Empowerment. Disponível em: <https://www.merriam-webster.com/thesaurus/empowerment>. Acesso em: 05 mar. 2018.

MOREIRA, Adilson José. Pensando como um negro: ensaio de hermenêutica jurídica. *Revista de Direito Brasileira*, v. 18, p. 393-420, 2017.

PACHECO, Ana Cláudia Lemos. *Mulher negra*: afetividade e solidão. Salvador: EDUFBA, 2013.

PERKINS, Douglas D.; ZIMMERMAN, Marc A. Empowerment Theory, Research and Applications. *American Journal of Community Psychology*, v. 23, p. 569-579, out., 1995.

PERUZZO, Pedro Pulzatto. Direito à consulta prévia aos povos indígenas no Brasil. *Revista Direito e Práxis*, Rio de Janeiro, v. XX, n. XX, p. 1-33, 2017.

PÚBLICA. Severina: as novas mulheres do sertão. Disponível em: <https://apublica.org/2013/08/severinas-novas-mulheres-sertao/>. Acesso em: 05 mar. 2018.

RAPPAPORT, J. In Praise of Paradox: a Social Policy of Empowerment Over Prevention. *American Journal of Community Psychology*, Fairhaven, v. 9, n. 1, fev., 1981.

RATTS, Alex. *Eu sou atlântica*. São Paulo Imprensa Oficial do Estado de São Paulo; Instituto Kuanza, 2006. Disponível em: <https://www.

imprensaoficial.com.br/downloads/pdf/projetossociais/eusouatlantica.pdf>. Acesso em: 05 mar. 2018.

REGO, Walquiria Leão; PINZANI, Alessandro. *Vozes do Bolsa Família*: autonomia, dinheiro e cidadania. 2. ed. São Paulo: Editora Unesp, 2014.

RIBEIRO, Djamila. *O que é lugar de fala?* Belo Horizonte: Grupo Editorial Letramento, 2017. (Feminismos Plurais)

ROMANO, Jorge O.; ANTUNES, Marta. *Empoderamento e direitos no combate à pobreza*. Rio de Janeiro: Action Aid, 2002.

SALAMALANDRO. Dois poemas de Langston Hughes. Disponível em: <http://www.salamalandro.redezero.org/2-poemas-de-langston-hughes/>. Acesso em: 05 mar. 2018.

SANCHES, Mariana. O Bolsa Família e a revolução feminista no sertão. Marie Claire, 21 nov. 2012. Disponível em: <https://revistamarieclaire.globo.com/Mulheres-do-Mundo/noticia/2012/11/o-bolsa-familia-e-revolucao-feminista-no-sertao.html>. Acesso em: 05 mar. de 2018.

SARDENBERG, Cecília M. B. Conceituando "empoderamento" na perspectiva feminista. Disponível em: <https://repositorio.ufba.br/ri/handle/ri/6848>. Acesso em: 05 mar. 2018. [Transcrição revisada da comunicação oral apresentada ao I Seminário Internacional: Trilhas do Empoderamento de Mulheres – Projeto TEMPO, promovido pelo NEIM/UFBA, em Salvador, Bahia]

SEN, Gita. Empowerment as an approach to poverty. *Working Paper Series*, n. 97, v. 7, dez. 1997.

SILVA, Allyne Andrade e. *Direito, desenvolvimento e políticas públicas*: uma análise jurídica do Programa Brasil Quilombola. São Paulo: Universidade de São Paulo, 2015.

SIMON, Vanêssa Silveira Pereira. *Trajetórias fenonômicas e empoderamento: histórias de vida de mulheres na economia social e solidária catarinense.* 2015. Tese (Doutorado) – Universidade Federal de Santa Catarina, Centro Sócio-Econômico Programa de Pós-Graduação em Administração, Florianópolis. Disponível em: <https://repositorio.ufsc.br/handle/123456789/160773>. Acesso em: 05 mar. 2018.

SOLOMON, Barbara Bryant. *Black Empowerment*: Social Work in Oppressed Communities. Nova York: Columbia University Press, 1976.

STROMQUIST, Nelly P. Education as a means for empowering women. In: PARPART, J. L.; SHIRIN, Rai M.; STAUDT, Kathleen (Eds.). *Rethinking Empowerment*: Gender And Development in a Global/Local World. Londres: Routledge, 2002.

SUPLICY, Eduardo Matarazzo. *Renda de cidadania*: a saída pela porta. 7. ed. São Paulo: Cortez Editora, 2013.

YOUTUBE. Malcolm X: "Quem te ensinou a odiar a si mesmo?". Disponível em: <https://www.youtube.com/watch?v=RMj9AHmNOi4>. Acesso em: 05 mar. 2018.

Grupo
Editorial
LETRAMENTO